SHENGBEN JIAOXUE
TANSUO YU SHIJIAN

生本教学
探索与实践

唐圣锋　刘　华　曾俊彦◎编著

安徽师范大学出版社
ANHUI NORMAL UNIVERSITY PRESS
·芜湖·

图书在版编目(CIP)数据

生本教学探索与实践 / 唐圣锋,刘华,曾俊彦编著 .— 芜湖:安徽师范大学出版社,2021.11

ISBN 978-7-5676-5508-9

Ⅰ.①生… Ⅱ.①唐… ②刘… ③曾… Ⅲ.①教学研究 Ⅳ.①G420

中国版本图书馆CIP数据核字(2021)第218090号

生本教学探索与实践　　唐圣锋　刘　华　曾俊彦◎编著

责任编辑:吴顺安　胡志立　　责任校对:李克非
装帧设计:张　玲　　责任印制:桑国磊
出版发行:安徽师范大学出版社
芜湖市北京东路1号安徽师范大学赭山校区
网　　址:http://www.ahnupress.com/
发 行 部:0553-3883578　5910327　5910310(传真)
印　　刷:江苏凤凰数码印务有限公司
版　　次:2021年11月第1版
印　　次:2021年11月第1次印刷
规　　格:700 mm × 1000 mm　1/16
印　　张:14.75
字　　数:226千字
书　　号:ISBN 978-7-5676-5508-9
定　　价:52.80元

前　言

老子云："天下难事，必作于易；天下大事，必作于细。"高尔基曾说，一切伟大的事业，都是由小事组成的。这就启示我们：要把事业做成功，必须从简单的事情做起，从细微之处入手，将小事做细、做精。

所谓"精细"就是精密细致之意。朱熹曾说："言治骨角者，既切之而复磋之；治玉石者，既琢之而复磨之，治之已精，而益求其精也。"也就是说，对任何事情都要做到精密细致，好了还要求更好。

学校管理精细化，有助于学校管理迈上科学、规范与可持续的发展之路。一所学校的精细化管理质量和水平决定着教育、教学、服务等方方面面的质量和水平，代表着一所学校的形象，体现着一所学校的校本精神，是打造学校品牌的必然选择，更是提升学校整体执行力、促进可持续发展的有效途径。

精心是态度，精细是过程，精品是成绩。精细化管理就是要落实管理责任，变一人操心为大家操心，将管理责任具体化、明确化，人人都管理，处处有管理，事事见管理。工作要日清日结，每天都要对当天的情况进行登记检查，发现问题及时纠正，及时处理。精细化管理要求层层完善、系统健康，权力层层有，任务个个担，责任人人负。那么，如何在教育教学中实现精细化管理呢？

第一，全体教职员工要对精细化管理思想达成统一共识。鼓励教师把精细化管理思想转变为自己的认识。在这个过程中，学校的各种思想不再仅仅是文本或书面上的东西，而是已经落实了的教师在教育教学实践的具体行动。

第二，要把“小事做细，细事做精”。要从大事着眼，小处入手。一是从目标抓起，细化目标任务，层层签定目标管理责任书，形成一个“心往一处想，劲往一处使”的团队。二是从组织上抓起，组织是学校管理的基础，通过健全组织，实行岗位责任制，做到分工明确，使各项工作和活动之间和谐同步，让学校目标变为有效行动。三是从制度上抓起，学校规章制度是精细化管理的前提，便于把事情做到公平、合理。四是从问题抓起，哪儿有问题就研究到哪儿，就解决到哪儿。五是从质量上抓起，在实际工作中形成一种质量观念，而且把质量观贯穿于整个工作的始终。

第三，明确职责，责任到人。严格落实“谁分管的谁负责”“谁的岗位谁负责”“谁的班级谁负责”“谁的课堂谁负责”的岗位责任制。

第四，教学工作日日清。教学是学校的中心工作，课堂是教育教学的主渠道，重视教学的“五环节”，杜绝课堂“显性”和“隐性”浪费。

第五，变“结果管理”为“过程管理”。学校管理只有把结果与过程有机统一，才能提高管理效能。

第六，管理的关键在落实。在探索精细化管理的过程中，明确责、权、利，要求人人会管理，时时在管理，处处有管理，事事见管理。

教学工作的规范化、精细化在于课前、课堂、课后三个阶段的全方位精细化与规范化。我们提出的生本教学，就是围绕“以生为本”的核心理念，在“深度教学”理论的指导下，从集体备课入手，推行“知识问题化，问题情境化”的生本教学设计，有效抓好课堂教学设计关；以生本课堂为主阵地，推行“四五五”生本教学模式，打好课堂主阵地；抓实课后落实，指导学生深度学习，培养学科核心素养。同时，将教学的各阶段、各环节的工作科学、系统地规划好，对于促进教学工作全面规范化精细化，具有积极的作用。

教育不需要跟风逐潮、不断翻新花样，而是需要一种可贵的坚持。把简单的事情做好就是不简单，把平凡的事情做精就是不平凡。精细化管理是一项长期的、精细的工程，在规范、精细、合理的教学规范指引下，精细开展好各项教学工作，落实好教学效果，必能适应新高考改革方向，必将能促进学生的高质量发展。

参与本书编著与审稿的人员还有刘文军、邝少华、谢建军、刘旭利、胡善清、毛承敏、李军龙、彭卫华等。教学设计范例编写人员有：陈爱武、陈冬婷、陈颖、邓院生、高鹏、郭英、何纯永、贺莉、洪莲青、胡建雄、邝井平、邝玉忠、雷华平、雷俊军、雷绚琳、雷雪艳、雷渊红、雷源华、雷源泉、雷志雄、李德雄、李锋、李海兵、李海娟、李红丽、李嘉兰、李久生、李军龙、李美英、李敏娟、李素芳、李棠、李文革、李文雄、李晓霞、李艳华、李佑祥、李运平、刘斌、刘红星、刘诗雄、刘晓晖、刘旭利、刘永红、罗芬、罗江中、罗儒平、罗石文、彭卫华、谭冬明、汤素芳、唐爱迪、唐飞、王兰兰、文娟、肖瑾、谢知晖、杨凯迪、尹亮国、曾俊彦、曾神凤、曾维文、郑小宝、周超等，在此一并致谢！

目　录

第一章 生本教学的理论基础

人类学会走路，也得学会摔跤，而且只有经过摔跤他才能学会走路。

——马克思

要解放孩子的头脑、双手、脚、空间、时间，使他们充分得到自由的生活，从自由的生活中得到真正的教育。

——陶行知

不能把小孩子的精神世界变成单纯学习知识。如果我们力求使儿童的全部精神力量都专注到功课上去，他的生活就会变得不堪忍受。他不仅应该是一个学生，而且首先应该是一个有多方面兴趣、要求和愿望的人。

——苏霍姆林斯基

第一节　认知层级理论

一、布卢姆的认知层级

布卢姆把教育目标分成了六个层次：知识、理解、应用、分析、综合、评价。

1. 知识（认识）。指对具体事物和普遍原理的记忆，对方法和过程的回忆，或者对一种模式、结构或框架的回忆，包括具体事实、方法、过程、理论等。从架构上看，包括三个亚类别，即具体的知识、处理具体事物的方式方法的知识、学科领域中的普遍原理与抽象概念知识。主要学习行为有识别、描述、命名、标注、认可、复制、跟从等。

2. 理解（领会）。指能把握材料的意义可以借助转换、解释和推断三种形式来表明材料的领会。转换指个体将交流内容转化为其他术语或转化为另一种交流形式；解释指对交流内容的说明或总结，是对材料的重新整理、排列或提出新的观点；推断指根据对交流内容中所描述的趋势、倾向或条件的理解做出估计或预测。主要学习行为有总结、转化、辩护、解释、说明、例证等。

3. 应用。指能将习得的材料应用于新的具体情境，包括概念、规则、方法、规律和理论的应用。主要学习行为有建立、制作、建构、模仿、预测、准备等。

4. 分析。指能将整体材料分解成它的构成成分并理解组织结构，以把握各概念间的层次或关系，包括要素分析、关系分析和组织原理分析三个亚层次。主要学习行为有比较/对照、分解、甄别、筛选、分离等。

5. 综合。把各要素和各组成部分组合成一个整体，它强调的是创造能力，需要产生新的模式或结构。包括三个亚类别：进行独特的交流、制定计划或操作程序、推导出一套抽象关系。主要学习行为有分类、归纳、重构等。

6.评价。指为某种目的，对观念、作品、答案、方法和资料等的价值做出价值判断的能力。主要学习行为有评价、批评、判断、证明、说服、支持等。

在不同层次上，教学侧重点不同。知识层次强调培养学生用追忆或再认法记忆所学知识，并学习如何借助暗示、信号与线索将习得知识有效回忆的能力；理解层次侧重培养学生领会人际间彼此沟通信息的能力；应用层次培养学生在不同情境中运用已学知识的能力；分析层次培养学生将整体分解成各种因素的能力；综合层次培养学生对各种要素、组成部分和片段进行处理加工的能力；评价层次则可培养学生对资料和方法进行评鉴的能力。

二、安德森修订的认知层级

安德森对布卢姆教育目标分类框架进行了修订，将认知层面划分为：记忆、理解、运用、分析、评价、创造。它们是逐级提高的，每一个阶段都需要在前一个阶段完成的情况下才能依次往上。

1.记忆。记忆知识对意义学习和解决更复杂的问题来说是必不可少的。“记忆”具体包括以下两个方面。

（1）识别。这是从长时记忆库中找到相关的知识与当前呈现的信息进行比较，看其是否一致或相似。识别的替换说法可以是“确认”。

（2）回忆。这是指当给予某个指令或提示时，学习者能从长时记忆库中提取相关的信息。回忆的替换说法可以是“提取”。

2.理解。可以被看成是通向迁移的桥头堡，同时也是最广泛的一种迁移方式。不管是口头的、书面的信息还是图表图形的信息，不管是通过讲授、阅读还是观看等方式，当学习者能够从教学内容中建构意义时，就是理解了，即学习者在对将要获得的“新”信息与原有知识产生联系时，他就产生了理解。更具体地说，新进入的信息与现有的图式和认知框架整合在一起时，理解就发生了。鉴于“概念”是认知图式与框架的基石，所以，“概念性知识”为理解提供了基础。“理解”具体包括以下几个方面。

（1）解释。这是指学习者能够将信息的一种表征方式转换成另一种表征方式，如不同语词之间的转换、图表转换成语词或反之、数字转换成语词或反之、乐谱转换成乐音，等等。解释的替换说法可以是“转换”“释义”“表征”和“澄清”。

（2）举例。这是指学习者能指出某一概念或原理的特定事例，它同确定其特征（如“等腰三角形两条边必须相等”）以及运用该特征选择或建构具体事例（如“五个三角形中哪个是等腰三角形”）有关。举例的替换说法可以是“例证”和“例示”。

（3）分类。这是指学习者能够识别某些事物（如某一事例）是否属于某一类别（如概念或原理）。分类能够查明既适合具体事例又适合概念或原理的相关特征或范型。如果说“举例”是从一般概念或原理出发，要求学习者找到相应的具体事例，那么“分类”则是从具体事例出发，要求学习者找到相应的概念或原理。分类的替换说法可以是“归类”和“包摄”。

（4）总结。这是指学习者能提出一个陈述以代表已呈现的信息或抽象出一个一般主题。总结同构建信息的一种表征方式有关。总结的替换说法可以是“概括”和“抽象”。

（5）推断。这是指学习者能够在一组事例中发现范型。当学习者能够从一组事例中发现特征及其相互联系从而抽象出一个概念或原理时，这就表明其能做出推断。推断过程涉及在一个整体情境中对各个事例做出比较、发现范型并创造出一个新的事例来。推断同“应用”中的一个具体认知过程——“归属”也不完全一样。例如，在阅读一篇故事时，归属带有查明“言下之意”的意思，而推断则带有找出“言外之意”的性质。推断的替换说法可以是“外推”“添加”“预测”和“断定”。

（6）比较。这是指查明两个或两个以上的客体、事件、观念、问题和情境等之间的异同。比较包括了发现要素或范型之间的意义对应性。比较的替换说法可以是“对照”“匹配”和“映射”。

（7）说明。这是指学习者能够建构或运用因果模式。这一模式可以从正规的理论中推演，也可以依据经验或研究得出。一个完整的说明包括阐明某一系统中的主要部分是什么，它们之间如何发生变化，等等。说明的替换说法可以是“建构一个模型”。

3.应用。是指运用不同的程序去完成操练或解决问题，应用与程序性知识密切相关。完成操练是指学习者已知如何运用适当的程序，已经有了一套实际去做的套路；解决问题是指学习者最初不知道如何运用适当的程序，因而必须找到一种程序去解决问题。应用与两个认知过程有关。一种是“执行”，它涉及的任务是一项操练；另一种是“实施”，它涉及的任务是一个问题。在实施时，理解概念性知识是应用程序性知识的前提。

（1）执行。此时学习者面对的是一个熟悉的任务，执行某一程序。熟悉的情境为学习者提供了恰当的线索去选择程序，因此执行更多的是与运用技能与算法相联系的。技能与算法有两个特点：一是其步骤遵循着固定的程序；二是只要正确地执行，其结果是一个预期的答案。

（2）实施。发生于学习者选择和运用程序以完成一个不熟悉的任务。因为要做出选择，学习者必须理解问题的类型及适用程序的范围，所以，实施常常与其他认知过程（如理解和创造）综合使用。

4.分析。指将材料分解为其组成部分并且确定这些部分是如何相互关联的。这一过程包括了区分、组织和归属。虽然有时候也将分析作为独立的教育目标，但是往往更倾向于将它看成是对理解的扩展，或者是评价与创造的前奏。

（1）区分。这是指学习者能够按照其恰当性或重要性来辨析某一整体结构中的各个部分。“区分”同“比较”之间是有所不同的。前者要求在整体的框架下看待部分，比较则被要求关注所有特征。区分的替换说法可以是“辨别”“选择”“区别”和“聚焦”。

（2）组织。这是指确定事物和情境的要求，并识别其如何共同形成一个一致的结构。在进行组织时，学习者要努力构建信息之间系统一致的联系。组织常常与区分一起进行。也就是说，先要确定相关的或重要的因素，然后再考虑要素适配的总体结构。组织的替换说法可以是“形成结构”“整合内容”“寻求一致”“明确要义”和“语义分析”。

（3）归属。归属是指学习者能够确定沟通对象的观点、价值和意图等。归属属于“解构”的过程，期间学习者要确定作者的意图。如果要作出“解释”，学习者只要去理解材料的意义就可以了，但“归属”则要求超越基本理解去推断材料的意图或观点。归属的替换说法可以是“解构”。

5. 评价。依据准则和标准来做出判断。评价包括了核查（有关内在一致性的判断）和评判（基于外部准则所做的判断）。尤其要指出的是，并非所有的判断都是评价。

实际上，许多认知过程都要求某种形式的判断，只有明确运用了标准来做出的判断，才是属于评价。

（1）核查。核查是指对某一操作或产品检查其是否内在一致。例如，结论是否从前提中得出；数据是否支持假设，呈现的材料是否互相有矛盾等等。当核查与“计划”和“实施”相结合运用时，就可以确定该计划是否运作良好。核查的替换说法可以是“检验”“查明”“监控”和“协调”。

（2）评判。评判是指基于外部准则或标准来判断某一操作或产品。评判是批判性思维的核心。评判的替换说法可以是“判断”。

6. 创造。创造是将要素整合为一个内在一致或功能统一的整体，这一整体往往是新的“产品”。这里所谓的新产品，强调的是综合成一个整体，而不完全是指原创性和独特性。“理解”“应用”和“分析”虽然也有整体和部分之间的关系，但它们主要是在整体中关注部分；“创造”则不同，它必须从多种来源抽取不同的要素，然后将其置于一个新颖的结构或范型中。

创新的过程可以分解为三个阶段：一是问题表征阶段，学习者试图理解任务并形成可能的解决方案；二是解决方案的计划阶段，要求学习者考察各种可能性及提出可操作的计划；三是解决方案的执行阶段。创造过程始于提出多种解决方案的“生成”，然后是论证一种解决方案并制定行动

“计划”，最后是计划的“贯彻”。

（1）生成。生成是指学习者能够表征问题和得出符合某些标准的不同选择路径或假设。通常最初问题表征时所考虑的解决路径有多种，经反复推敲调整，会形成新的解决路径。这里的“生成”同“理解”过程中各个认知子过程不完全一样。一般来说，理解所包含的各个认知子过程也都带有生成的功能，但往往是求同的（如领会某一种意思），而此时的生成却是求异的，要尽可能提出不同的解决路径。生成的替换说法可以是“提出假设”。

（2）计划。计划是指策划一种解决方案以符合某个问题的标准，也就是说，形成一种解决问题的计划。计划的替换说法可以是“设计”。

（3）贯彻。贯彻是指执行计划以解决既定的问题。贯彻要求协调四种类型的知识，同时也不是非得要强调原创性和独特性。贯彻的替换说法可以是“构建”。

第二节　生本教育思想

生本教育是由华南师范大学博士生导师、广东省教育科学研究所所长郭思乐教授所创立的一种突破传统教育思维模式的教育思想。它是以“一切为了学生，高度尊重学生，全面依靠学生”为宗旨的教育，让学生成为学习的主人，让学生热爱学习而设计的教育。同时，生本教育也是以生命为本的教育，它既是一种方式，更是一种理念。

一、生本教育思想的起源

生本教育思想建立在针对以教师为中心的教育体系的深刻反思和批判的基础上。过去我们也承认教育存在这样或那样的问题，但这些问题都不是根本性的，几乎没有指向体系本身。如果我们对教育体系进行一番反思

的话，就会发现我们原有的体系基本上是一种以教师为本的体系，也就是一切服务于教师的教而设计的教育体系。郭思乐教授称这种教育为“师本教育”。教师的教与学生的学之间是一种机械的、单向式的传输形态，整个教育是为了教师的教，更确切地说是为了教师的好教服务的，而不是为了学生的好学服务的。在这一教育体系内，教师处于主动地位，学生处于被动地位，教师可以对学生发号施令，学生基本上是按照教师的指令来学习的，根本没有条件或机会发挥自己的主体性。

人们通常认为，教师好教就是学生好学，但很多研究表明，两者并不能画上等号，有时候甚至是对立的。对此，我们必须突破传统思维，把过去为教师好教而设计的教育转变为为学生好学而设计的教育，因为整个教学的目的是学生的主动发展，而不是教师的善于教。这样，就提出了与传统师本教育相区别的生本教育。生本教育，顾名思义就是“以生为本”的教育，但是“生”绝不仅仅表述为学生，也有生命、生活等含义。

二、生本教育思想的特点

为了进一步搞清楚生本教育与师本教育的不同，有必要简单概括一下生本教育思想的一些特点，这对于人们认识生本教育的精神内涵是有帮助的。我们认为，生本教育的特点主要有以下四点。

第一，以学生为主体。在教与学这对矛盾关系之中，学是内因，是提高教学质量的依据；教是外因，必须通过学这个内因才能发挥作用。生本教育的课堂完全改变了传统教育中老师讲授学生听讲的局面，在老师的指导下，充分发挥学生的主体作用。

第二，以学习为基调。生本教育的基本过程是：课前的学习准备，上课时的小组讨论，课后的刨根问底。整个过程处处突出学生的学习，不仅重视学习的内容，更强调学习的方法。比如通过上网或其他途径查找相关资料，课堂上学会聆听老师、同学的讲话，上讲台表达自己的意见，对别人的观点提出质疑以及对别人的质疑提出反驳等。

第三，以小组合作为形式。生本教育非常强调学生的小组学习。全班分成若干小组，每小组4—6人不等，无论是课前准备还是上课时的学习，每个学生都能够在小组内充分发挥其作用。

第四，以探究为宗旨。生本教育强调让学生自己主动进行学习。让每个学生都有话说，让每个学生都有收获。老师在认真倾听学生讨论、发言的基础上进行指导，创造条件让学生的思维进行碰撞、让智慧之火熊熊燃烧、让学生的潜能得到最大的发挥与拓展。

三、生本教育思想的主要观点

1.学生观：起点非零。过去的教育一般认为学生是无知的，什么都不懂，从而导致人们在内心总是不相信学生，总担心他们这也出错，那也出错，表现在教育上，就是教师代替学生完成本应由学生完成的学习任务。生本教育认为，我们对学生的担心是多余的。因为我们面对的每一个孩子，哪怕是数学才考了十几分，哪怕是字写得歪歪扭扭，但有一点是可以肯定的，即作为人类的一代，他们都像长江一样，从远古走来，又向未来奔去。在他们后面的，是人类50万年进化发展的历史；在他们前面的，是正在展开的现代社会。我们认为学生有学习的本能和天性。但遗憾的是，这种本能和天性被许多人包括教育工作者和家长长期忽视，以至学生所展露出的学习本能和天性有时被无情地扼杀。生本教育正努力改变这种现状，尽可能顺应学生学习的天性，一切为了学生，高度尊重学生，还教育以本来面目。

2.教师观：生命的牧者。生本教育教学中，学生当然也需要教师的帮助，但是这种帮助不是居于教学的核心地位，而是处于辅助性地位。整体来说，教师存在的意义仅仅是激发和引导，教师的作用就像是在点燃火把，而不是灌满一壶水。生本教育取代师本教育就是对教师生命活动的最大关注，把教师转变为生命的“牧者”，教师的职能发生了重大变化。在生本教育中，教师的职责就是要像牧者一样，把学生带到水草丰富的地方，让他们吃饱；风暴来了，我们带他们找地方躲避；狼来了，我们要事先有所警惕……教师不仅是知识传授者，而是抛砖引玉人。教师的作用是提出学习的主题与需要解决的问题，维持必要的教学秩序，给予学生支持与鼓励，做到恰到好处的引导。在这种体系下，教师以积极向上的心态影响和感染学生，以一种符合人性的态度去解决学生自主发展中所出现的问题。在此背景下，师生关系也从传统的从属关系转化为“教师与学生的互相创造与提升的关系”，转化为教师与学生相互学习、相互欣赏的平等关系。总之，教师是学生的服务者、帮助者、保护者，唯独不是他们的代替者。教师在这样的教育教学生活中，精神面貌焕然一新，教育生涯变得美好而有意义。

3. 教学观：教皈依学。过去的教学我们为教师的教做了很多工作，比如帮助教师制定参考书、组织教师的教学竞赛等，这些工作不能说是无意义的，但过多地关注教师的教，必然会在某种程度上偏离甚至忽视学生的学。忽视学生的学，也就忽视学生本身。生本教育明确提出，学生是天生的学习者，学生人人可以创新，学习既是学生的本能，也是学生的需要。人们一直以来所追逐的教育的秘密实际上就隐藏在学生身上，而我们却视而不见。因此，教学要从“教”转变到促进学生“学”，让学习成为学生成长的自然过程的一部分。

4. 德育观：学生美好的学习生活。学校的德育要使学生处于良好的学习生活中，具有个体性、根本性，形成德育自动机制。这就像一条离开水的鱼，除了把它放回到水中之外，无任何办法可以让它和谐自在地发展自己。多年的生本实践表明，生本教育的实施带来了教学氛围的根本改变，形成了最坚实的德育基础。在创造和发展这一教学氛围中，学生逐步养成了热爱学习、热爱文化、热爱学校和同学的习惯，为整个德育及其发展提供了良好的机制。

5. 评价观：从控制生命到激扬生命。为了削弱传统评价的比较功能，保留其诊断的功能，我们在生本教育研究中把评价改为“评研”。如在评研试卷的过程中，让学生小组互评试卷，评后进行讨论，接着，由学生自己再出一套题目进行测试，再评研一次。通过这样“两评两研”，学生对知识的把握和积累更为充分和扎实，不会产生传统评价中的控制效应，却使他们在创造的氛围中得到激扬，并在相当程度上解决了家长和老师不放心和学生需要练习的问题等。通过“评研”，评价的主体由外部（如教师）变为内部自身（学生自己）；评价的方式由可比较的（成绩）变为可研究的（讨论）；评价的功能由控制（压抑生命）变为激扬（创造生命）。“评研”活动实际上表现了对学生人格的极大尊重，真正体现了以学生为本的精神。我们的这一工作使很多人认识到，让学生积极、快乐、主动地学习，可以取得前所未有的高质高效。

综上所述，生本教育既能充分激发学生学习的动力，调动学生学习的积极性，挖掘并拓展学生潜能，提高学生的综合素质，还能够适应现代社会评价、择才方式的要求。

第三节　建构主义

一、建构主义

建构主义也可译为结构主义，作为一种新的认知理论，建构主义的兴起是近20年的事情，但建构主义的思想并不是什么新鲜事物。在谈到建构主义起源时，新西兰学者诺拉指出：“在反对用直接教学方式以形成知识基础的原因方面，苏格拉底和柏拉图是教育上最早的建构主义者。”其后，在皮亚杰认知理论的基础上，科尔伯格对认知结构的性质与认知结构的发展条件等方面作了进一步研究，斯滕伯格和卡茨对认知过程中如何发挥个体主动性的探索，维果茨基创立的强调认知过程中学习者所处的社会历史文化背景作用的“文化历史发展理论”，奥苏贝尔的有意义学习理论，布鲁纳的发现学习理论等研究成果和理论观点为当代建构主义的形成奠定了基础。

建构主义主张世界是客观存在的，但是对事物的理解却是由每个人自己决定。不同的人由于原有经验不同，对同一事物会有不同理解。建构主义学习理论认为学习是引导学生从原有经验出发，生长（建构）起新的经验。

二、建构主义基本观点

1. 知识观。建构主义认为，知识不是对现实的纯粹客观的反映，只不过是人们对客观世界的一种解释、假设或假说，将随着人们认识程度的深入而不断地变革、深化，出现新的解释和假设。在具体问题的解决中，需要针对具体问题的情境对原有知识进行再加工和再创造。另外，尽管语言赋予了知识一定的外在形式，并且获得了较为普遍的认同，但这并不意味着学习者对这种知识有同样的理解。因为对知识的理解，还需要个体基于自己的知识经验而建构，还需要取决于特定情境下的学习历程。

2. 学习观。学习是学生自己建构知识的过程。学生不是简单被动地接收信息，而是主动地建构知识的意义。学习是学习者根据自己的经验背景，对外部信息进行主动地选择、加工和处理。对所接受到的信息进行解释，生成了个人的意义或者说是自己的理解。个人头脑中已有的知识经验不同，调动的知识经验相异，对所接受到的信息的解释就不同。

3. 教学观。教学不能无视学习者已有的知识经验，不能简单强硬地对学习者实施知识的“填灌”，而是应该把学习者原有的知识经验作为新知识的生长点，引导学习者从原有的知识经验中，主动建构新的知识经验。教学不是知识的传递，而是知识的处理和转换。教师与学生、学生与学生之间，需要共同针对某些问题进行探索，并在探索的过程中相互交流和质疑。

第四节　图式理论优化教学

一、图式理论

鲁墨哈特认为，图式理论是一种关于人的知识的理论。图式是指围绕某一个主题组织起来的知识的表征和贮存方式。它是关于知识是怎样被表征出来的（现代心理学认为，我们与环境相互作用过程中所获得知识要以一定的形式储存在大脑中，知识的储存方式又叫知识的表征），以及关于这种对知识应用的理论。现代心理学认为，人脑中的知识不是杂乱无章地独立地储存在大脑中，总要围绕某一主题，通过与其他知识建立某种关系而形成的结构性知识单元，这种单元就是图式。

图式理论认为，人们已经具有的知识和知识结构对其认知活动起决定作用，在理解新事物时，需要将新事物与已知的概念、过去的经历（即背景知识）联系起来。对新事物的理解和解释取决于头脑中已经存在的图式，输入的信息必须与这些图式吻合。

二、图式教学的优势

从实践层面看，图式教学具有以下几个方面的优势：

其一，直观、形象，较易引发学习的兴趣。图片、图表直观、形象，便于理解。作为注意力、意志力、理解力都比较欠缺的学生，课堂上的图式学习能更好地帮助他们完成学习的过程，完成知识的建构和方法的引导，取得比较好的学习效果与成果。

其二，图式教学指向的是学习方式与思维方式的培育。图式可以作为学习的起点与素材，在课堂呈现中，它还可以作为一种教学和学习的策略与方法，在知识建构的同时，实现学习方式和思维方式的引导与培育。

其三，图式教学符合学生学习的特征。以图式教学和图式学习为基础形成的优学课堂样式，涵盖了“建构主义学习”和“有意义学习”，而形象化的表征又更好地体现了学生学习的特点。

其四，图式教学的存在形态具有丰富性。在图式教学与图式学习当中，图式不仅以显性的文本形式存在，它还包括动态的合作过程、思维过程、行为与行动转化的过程等诸多策略化存在的学习活动隐性形式。

其五，图式教学的范畴涵盖了一切“以图的形式”的学习。这种教学方式的一个显性特征是“以图的形式”学习，因此，在我们的认识与实践中，除了一般意义上的“图式”，它还包括学习地图、思维导图、思维可视化、图示教学、概念图等一切与“图”有关的教学与学习形式。

常规教学强调以教师为中心，重视陈述性知识和知识的陈述，学生被动甚至机械地接受知识，难以形成框架清晰且富有联动性的认知结构。图式优化发展教学模式，重在帮助学生理清知识的纵横联系和内涵外延，积极迁移，形成图式，促进学生对知识的理解、记忆、巩固、提取，从而提高教学效率。在教学实践中，图式优化发展教学以发展为中心，以课题为纽带，以问题和情境为脉络，通过优化教学内容、优化教学策略、优化师生活动结构，从而促进知识与能力图式的高效形成与强化，以实现大幅度提高学困生的学习成绩。这种教学模式的核心是“反馈矫正，优化发展”，基于问题和情境脉络，以图式的优化发展为中心，抓起始、打基础、重能力、促发展，有序地分层递进。

根据不同图式在教学中的用途与价值，我们把图式教学划分为导学图式、助学图式和展学图式三大类。

导学图式一般在教学的初始阶段使用，其作用在于引导和展开学习、提供学习的信息资源与素材、创设学习的情境与氛围、引发学习的思考与探索、激发学生的学习兴趣。

助学图式存在于教学的主要过程当中，其作用在于提供系统化、流程化、方法化的帮助与指导，使学生比较有效地完成知识的学习，并逐渐形成图式的学习方法与思维方式。

展学图式在知识的应用与拓展阶段出现，其作用在于引导学生灵活运用知识，启发学生通过“有意义建构”形成优质的认知。

第五节　学习金字塔

一、学习金字塔

学习金字塔是美国缅因州的国家训练实验室研究成果，它用数字形式形象显示了采用不同的学习方式，学习者在两周以后还能记住内容（平均学习保持率）的多少。

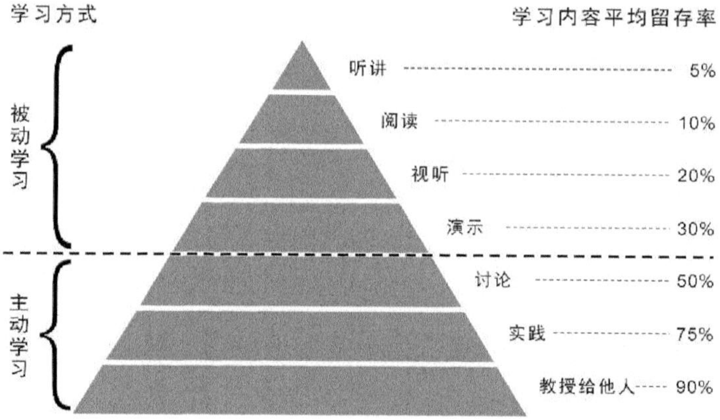

图1-1　学习金字塔

在塔尖，第一种学习方式——“听讲”，也就是老师在上面说，学生在下面听，这种我们最熟悉最常用的方式，学习效果却是最低的，两周以后学习的内容只能留下5%。第二种通过“阅读”方式学到的内容，可以保留10%。第三种用“声音、图片”的方式学习，可以达到20%。第四种是“示范”，采用这种学习方式，可以记住30%。第五种“小组讨论”，可以记住50%的内容。第六种“做中学”或“实际演练”，可以达到

75%。最后一种在金字塔基座位置的学习方式，是“教别人”或者“马上应用”，可以记住90%的学习内容。当我们教授他人、创造事物或者写作的时候，会产生最深刻的学习体验。这其实就是“教学相长”的道理，是“积极学习”的道理，在这个过程中，学生能深度激活大脑的潜力、高度开发大脑的活力，比重复刷题强百倍。

“学习金字塔”表明不同的学习方式得到的学习效果区别很大。位于塔尖的是学生单凭阅读或听老师讲授，效果最差；位于塔基的是学生动手参与和给别人讲授，效果最好。由此，我们可以得出结论：主动学习比被动学习效率高很多，积极参与和实践才是最有效的学习方式。

二、学习金字塔在教学中的应用

教师在教学中应避免单纯讲授、单纯阅读的方式，而应采用图片、动画、视频、动手实践、小组讨论、教别人等多种手段调动学生多感官参与学习，以提高教学效率，比如小组讨论、做中学、教别人等方式。

1.生教生。当学生教别人时，其在两周后知识保持率达90%以上。因此，生教生是一种高效率的学习方式。教师让每位学生在组内轮流担当小老师，把所学知识或解题思路讲给别人听，或帮助组内同伴解决疑难问题。对于普遍性问题，只要班上有学生能解答，就交由学生解决。让能解决问题的学生上台做“小老师”讲给全班同学听。“小老师”在教别人的过程中，能逐步形成一定的元认知策略，元认知水平得到提高。教别人不仅能提高自己的学习效率，体验到学习的另一种成就感，同时还能锻炼语言表述能力和调控能力。

2.卡片建模。卡片建模是“做中学”的一种学习形式，建立模型的过程，是一个思维与行为相统一的过程，彩色卡纸可以给学生更丰富的感官刺激，通过模型建构活动，让学生更好地理解和把握各学科的核心概念。通过建构模型可使各种现象或过程得到简化，更加直观和生动，有助于学生理解抽象的学科知识，有利于发展学生观察、分析、操作等能力。

3.绘概念图。概念图是一种表征、检查、修正、完善知识的认知工具，它把知识高度浓缩、将各种概念及其关系以层级形式排列，清晰地揭示了意义建构的实质。绘制概念图也是一种常用的方式，它能有效促进学生手脑并用地参与学习，绘制概念图的过程，是建立在概念基础上的高级思维过程，在此过程中学生类似于进行一种游戏式的“思维”训练，他们往往会全神贯注，深度参与。在每一节课结束时可让学生绘制概念图进行总结，形成知识体系。

4.角色模拟。角色模拟是一种主动学习方法，学生通过模拟特定情境下的角色，营造出学生能主动参与学习的氛围，相当于让学生做一种实践演练。通过实践体验，其学习保持率可以达到75%。在角色扮演中，只要学生把问题情境准确地演绎出来，将自己的观点表达清楚，表演就可以停止。通过对特定情境的模拟，这种方法有助于学生深入学习和主动掌握知识。

5.小组激励。小组讨论也是具有较高效率的学习方式，然而在实际运用中发现学生参与度不高，常常使讨论流于形式。因此教师需要设立相应的激励机制激发学生积极参与讨论。实践表明，小组捆绑式评价是激励学生积极参与讨论学习的有效手段。以小组为单位开展评价，每组需要确定一位得力的组长，一位啦啦队长，人人都是小组讨论汇报员，组长全面负责本组的讨论与秩序，汇报员负责回答问题或提出问题，啦啦队长负责鼓动组员对本组成员的良好表现喝彩、鼓掌。教师对各组的表现采用“计分”的方式进行评价。

第六节　艾宾浩斯遗忘曲线

一、艾宾浩斯遗忘曲线

德国心理学家艾宾浩斯研究发现，遗忘在学习之后立即开始，而且遗忘的进程并不是均匀的。最初遗忘速度很快，以后逐渐缓慢。他认为“保持和遗忘是时间的函数”，并根据他的实验结果绘成描述遗忘进程的曲线，即著名的艾宾浩斯记忆遗忘曲线。

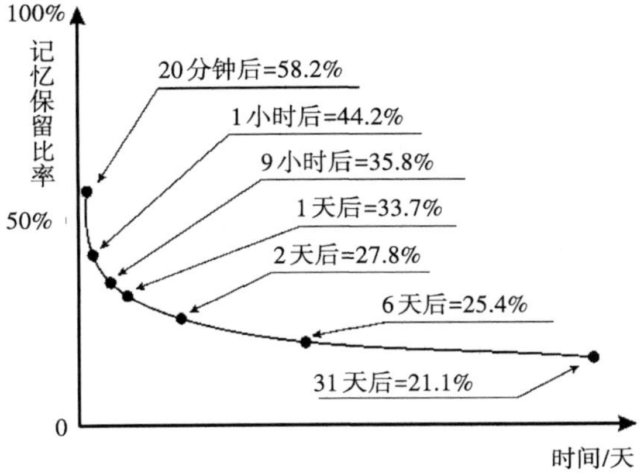

图1-2　艾宾浩斯记忆遗忘曲线

艾宾浩斯遗忘曲线表明了遗忘发展的规律：遗忘进程是不均衡的，在识记的最初遗忘很快，以后逐渐缓慢，到了相当的时间，几乎就不再遗忘了，也就是遗忘的发展是“先快后慢”。

在学习过程中，对一种材料达到一次完全正确地背诵后仍然继续学习，叫作过度学习。适当的过度学习可以使学习的材料保持效果更好。研究结果表明，适当限度的过度学习比恰能背诵的效果好（一般认为150%时的效果较好），但如果超过这个限度，其保持效果不再增加。如学习四遍后恰能学会，则再学习两遍效果最好。

二、艾宾浩斯记忆曲线复习计划表

艾宾浩斯记忆曲线复习计划表由“复习点”“记忆周期”组成，记忆周期一般为八个：第一个记忆周期5分钟；第二个记忆周期30分钟；第三个记忆周期12小时；第四个记忆周期1天；第五个记忆周期2天；第六个记忆周期4天；第七个记忆周期7天；第八个记忆周期15天。为增强巩固性，在此基础上可增加三个巩固阶段：1个月、3个月、6个月。见表1-1。

表1-1 艾宾浩斯记忆曲线复习样表

序号	日期	内容	短期记忆周期			长期记忆周期					巩固周期		
			5m	30m	12h	1天	2天	4天	7天	15天	1月	3月	6月
1			1	1	1								
2			2	2	2	1							
3			3	3	3	2	1						
4			4	4	4	3	2						
5			5	5	5	4	3	1					
6			6	6	6	5	4	2					
7			7	7	7	6	5	3					
8			8	8	8	7	6	4	1				
9			9	9	9	8	7	5	2				
10			10	10	10	9	8	6	3				

说明：（1）表中序号为内容序号；（2）短期记忆对同一内容分三个时间段记忆；（3）长期记忆按内容顺序依次安排。

第二章　落实“四基”　培育学科核心素养

合抱之木，生于毫末：九层之台，起于累土；千里之行，始于足下。

——老子

水之积也不厚，则其负大舟也无力。

——庄子

书读得越多而不加思考，你就会觉得你知道得很多；而当你读书思考得越多的时候，你就会越清楚地看到，你知道得还很少。

——伏尔泰

第一节　学科核心素养的培育

一、概 述

信息加工心理学认为，储存在长时间记忆中的知识有两类：一是陈述性知识，即回答“是什么”的知识，如概念、定理、公式、事件等，这就是学科基本知识；二是程序性知识，即解决“怎么做”的知识，是关于如何做事的知识，运用概念和规则解决问题的操作性技术，这就是学科基本技能。

“九层之台，起于累土。”学科基本知识、基本技能、基本思想与基本活动经验（即“四基”）是学科各项核心素养的基础与前提，要发展好学生的学科核心素质，必须牢固“四基”，否则就失去了根基，再美好的愿景都将成为无源之水，无本之木。

学习的过程可认为分“三部曲”：第一步是学习新知识；第二步是掌握基本知识，形成基本技能、基本思想，具备基本活动经验；第三步是综合运用。第二步是承前启后的关键性作用，但这一步往往被广大师生忽视了，老师认为学生应该会，学生认为自己懂，因此第二步没过关，就直接进入了第三步，平时的学习最主要就是停留在第三步。为解决这一问题，我们必须树立帮助学生充分打牢“四基”关的意识，落实生本教学“让学生学会”的中心目标，就是先要让学生“四基”过关。

中国学生发展核心素养的提出，明确了学生应具备的适应终身发展和社会发展需要的必备品格和关键能力。具体到各学科，学科核心素养就是该科的核心知识与关键能力。

我国的教育改革从素质教育到“三维目标”再到核心素养，这一系列教育改革有其内在的必然性。核心素养本质上是三维目标在学生身上的综合体现，也旨在培养学生的全面发展，但是它比三维课程目标更具关键性、情境性、情感性、动态性和终身性。

核心素养是一种品格与能力，且是自身终身发展与社会发展所必备的。学科核心素养是核心素养在学科中的具体化，它是知识、技能、情感态度等的综合表现，是随着不同学段动态发展的，兼具个人价值和社会价值的整体综合性，是学科教育价值的根本所在，是学科教学的落脚点。

培养学生核心素养的任务最终必须落实到学科教学中，学科教学才是提升学生发展核心素养、关键能力和获取必备知识内容的基本路径，课堂教学是培养学生核心素养的主要阵地。

学科核心素养培养的前提是具备扎实的基础知识，形成娴熟的基本技能。否则学科核心素养的培养就会变成“空中楼阁”。因此，从夯实“四基”到学科核心素养的形成，是一个基础到成果的建设与发展过程。临渊羡鱼，不如退而结网，抓实“四基”的基础，进行深度学习，才是培育学科核心素养的基本工作思路。因此，学科核心素养的导向是“两聚焦”，即聚焦核心知识、聚焦核心素养（关键能力、必备品格、价值观念等）。

二、相关理论

1.刻意练习。心理学家安德斯·埃里克森提出了“刻意练习”概念。他认为，学生的学习：（1）只在“学习区”学习。人的知识和技能分为层层嵌套的三个区域：最内一层是“舒适区”，是已经熟练掌握的各种知识与技能；最外一层是“恐慌区”，是暂时无法学会的。两者中间是“学习区”，有效的学习任务必须在学习者的学习区内进行，它具有高度的针对性。（2）把要训练的内容分成有针对性的小块，对每一个小块进行重复练习。（3）在整个练习过程中，随时都能获得有效的反馈。（4）练习时注意力必须高度集中。

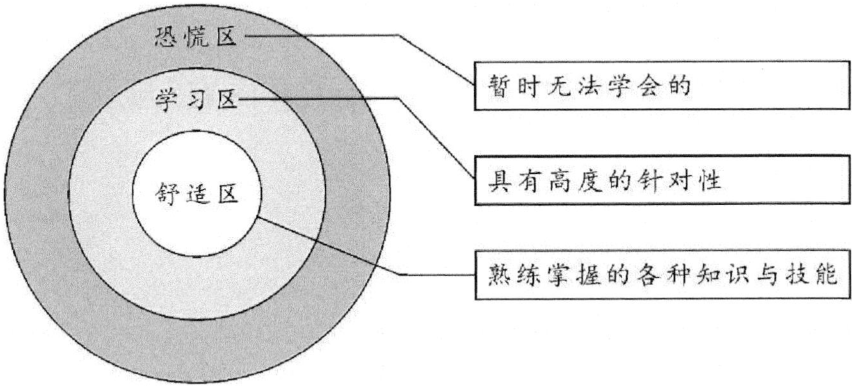

图2-1 刻意练习"三区"

2. 过度学习。心理学家艾宾浩斯提出了"过度学习"概念，是指达到一次完全正确再现后仍继续学习。研究结果表明，适当限度的过度学习比刚能理解的效果好，但如果超过这个限度，其保持效果不再增加。一般说来，学习程度以150%为佳，其效应也最大。超过150%，会因学习疲劳而发生"报酬递减"现象，学习的效果就会逐渐下降，出现注意分散、厌倦、疲劳等消极效应。

3. 深度学习。所谓深度学习，就是指在教师引领下，学生围绕着具有挑战性的学习主题，全身心积极参与、体验成功、获得发展的有意义的学习过程。在这个过程中，学生掌握学科的核心知识，理解学习的过程，把握学科的本质及思想方法，形成积极的内在学习动机、高级的社会性情感、积极的态度、正确的价值观，成为既具独立性、批判性、创造性又有合作精神、基础扎实的优秀的学习者，成为未来社会历史实践的主人。

深度学习有四个核心要点：一是深度学习是教学中的学生学习而不是一般的学习者的自学，因而必有教师的引导和帮助；二是深度学习的内容是有挑战性的人类已有认识成果；三是深度学习是学生感知觉、思维、情感、意志、价值观全面参与的、全身心投入的活动；四是深度学习的目的指向具体的、社会的人的全面发展，是形成学生核心素养的基本途径。

第二节　落实“四基”的主要内容与途径

一、明确任务和要求

1.基本知识。（1）以《基础知识手册》的基础，以周为单位，明确一周要识记、默写的内容。（2）精细安排，细化到每天。（3）合理安排，循序渐进，每周的识记任务由新内容和老内容组成。可参考“艾宾浩斯记忆曲线复习计划表”进行设计。（4）要求：首先“学进去”，即学生在学习时能够理解并掌握所学新知识（概念、定理、公式、事件等）的含义，能够将当前所学知识和已有知识建立联系，能够有效地将知识信息储存在记忆网络中；然后还要“讲出来”，学生能够把所学知识正确清晰地表述出来，能够把所学知识要点进行系统的归纳和概括，能够通过“教别人”的方式让其他学生听懂，即能全面、精确默写与讲出。

2.基本技能。（1）以典型的基础题型衡量技能，以单元/章为单位，明确每个单元/章应熟练掌握的基础题型，分级分类列出清单；（2）要求80%以上的学生能达到优秀水平。

3.重点、难点突破。学科核心知识、重点、难点的掌握情况，可以反映学生学科核心素养的发展情况，在打牢“四基”的前提下，帮助学生突破好重点、难点，是提升学生学科核心素养、提升综合解决问题能力的重要保障。（1）以周为单位，分层次收集各班高频错题，并配套同类同层次题目若干个；（2）要求中低档题不留死角，优生做到应会全会、应对全对。

二、落实“四基”的途径与办法

1.学习过程考核制。（1）围绕课堂学习情况、学习任务（作业、识记等）的完成情况、“双基”过关情况、错题突破情况、成绩的提高情况等建立量化考核制度。（2）考核结果是三好学生等评优评先的直接依据。（3）学期量化结果与德育量化结果按一定比例综合后作为学期综合评分。

2. 小组自主管理，教师监督、考核。（1）小组成员在组长的组织下，相互落实、相互鼓励、相互监督。（2）教师监督小组长，并定期抽取若干名成员，看任务目标达成情况。（3）根据任务完成情况量化记分，对未完成任务的要求限时完成，也可处以必要的惩罚。

3. 学生教学生。实行一对一生教生办法，落实“学讲计划”。（1）建立一对一结对关系。（2）学生默写后由另一方检查是否正确、是否全面。（3）对每个知识点、基础题型的解题思路，相互间能向对方讲解清楚。

4. 限时训练。形成技能，突破重点难点的有效途径有两个：一是通过举一反三的办法将知识与技能内化为学生的能力；二是通过错题回练的办法，帮助学生查漏补缺，深挖问题的本质，研透解题规律。（1）通过同步“双基”训练与错题回练的限时训练，达到同步检测与夯实“双基”的目标；（2）具体要求按《高中生学习规范》“第九章 第五节 作业与自习课的使用规范”操作。

5. 单元过关。单元指学科中自成系统的独立成分，每个单元均有特定的学习目标和内容。以单元为单位，有利于学生获得完整的知识和经验。单元间往往存在前后关联关系，因此，前置单元学习效果直接影响后续单元的学习，也只有对所有单元都掌握好了，才有利于综合问题的解答。（1）过关标准：基础知识能全面默写、清晰讲出；能全面、清晰地画出思维导图；基础题型测试80%以上的学生达到优秀水平。（2）单元“双基”检测由命题中心命制，分层命题，实行补考制。

6. 必备必查的学生笔记本。（1）课堂演练实录本（简称演练本），使用要求参考演练本首页的说明。（2）基础知识默写本，用于要求背诵知识的默写，各科可共用。（3）思维导图绘图本，A4无格本子，用于思维导图绘制，可分学科，也可各科共用，思维导图的绘制可参考《高中生学习规范》中的“思维导图的绘制与运用”。（4）问题记录本，简明、流水账式记录每天存在的学习问题，这是日记型的记录，一般不必分学科，具体参考《高中生学习规范》中的“问题记录本的制作与使用方法”。(5) 错题本，具体参考《高中生学习规范》中的“错题本的制作与使用方法”。

第三节 深度教学与培养学科核心素养

一、依托深度教学落实学科核心素养

1. 深度教学。深度教学是克服对知识的表层学习、表面学习和表演学习，以及对知识的简单占有和机械训练的局限性，基于知识的内在结构，通过对知识完整深刻的处理，引导学生从符号学习走向学科思想和意义系统的理解和掌握，并导向学科素养的教学。它要求学习者深度理解知识内涵，主动建构个性化的知识系统和意义系统，并有效迁移运用于解决真实情境中的问题，追求在获得知识意义、建立学科思想、发展学科能力、丰富学科经验的基础上养成学科核心素养。

2. 深度教学的理念。追求教学的发展性，是深度教学的核心理念。发展性是教学最根本的价值追求，更是课堂教学改革的根本基础。课堂教学作为教育活动最经常、最普遍的途径和方式，其最根本的追求是促进学生发展。

(1) 完整深刻地处理知识，增强学习的意义感。学习的意义感是学生对学习内容、学习过程和学习活动方式在价值识别、价值评判和价值确认的基础上产生的一种积极的意义感悟和意识过程。学习的意义感的获得与建立，是衡量课堂教学优劣的价值起点标准。深度教学的“深度”是建立在完整深刻地处理和理解知识的基础之上。如果教学把知识从其赖以存在的背景、意义和经验中剥离出来，成为纯粹的符号，便成为无意义的符号、无根基的概念知识。

（2）增强教学的文化敏感性和包容性，提高学生学习的获得感。课堂教学的文化敏感性和包容性，是指课堂教学处理知识过程中高度关切和忠诚表达知识所内蕴的文化背景、文化属性、文化精神、文化价值所体现出来的教学特性。具有文化敏感性和文化包容性的课堂教学绝不是把知识仅仅作为一种事实或结论告诉或传递给学生，而是对具体知识做深入的文化分析，引导学生探究知识的文化属性、文化思想、文化精神和文化思维方式，体现出知识对学生的文化影响力，真正达成“转识成智”“以文化人”的目的。

（3）丰富学习经历，引导反思性、批判性思维，提升学习的画面感和自我感。学生的学习投入，实质上反映的是学生的学习经历或课程履历。深度教学之所以推崇“U型学习”（教育家杜威的经验教学过程理念），不仅仅是因为这种学习形态充分体现了学生学习的主体性，而是它保证了学生充分投入或参与，实现了学习过程的完整性、规范性和丰富性，从而充分发挥教学的过程价值。学习经历的不规范、不完整、不丰富，实质上反映了我们忽视教学的过程价值的弊端。

课堂不仅是一个生动的知识学习过程，更是一幅知识与经验交融、理智与情感互动、师生心灵碰撞、学习过程与学生成长意义关联的生动图景。

二、深度教学的几个基本点

1. 两个聚焦：聚焦核心知识；聚焦核心素养（关键能力、必备品格、价值观念）。

2. 三个根本：（1）抓住学生的根本。教学之道，道在心灵，而抓住心灵的关键是兴趣、情感、思维（思想和思维）。实践方向：触及心灵深处。（2）抓住学科的根本。表层知识到学科本质（由表及里）。实践方向：深入学科本质。（3）抓住学习的根本。学习即知识获得到参与实践，让学生在问题解决中学习。实践方向：展开问题解决。

3. 三个强调：（1）强调学生要深度学习，深度思维，深度理解.（2）强调实践参与；（3）强调参与问题解决，唤醒学生生命活力。

4. 五个着力点：输入端（深层动机）；过程端（切身体验和高阶思维）；结果端（深度理解和实践创新）。见表2-1：

表2-1　深度教学的“三端”

	输入端	过程端	结果端
着力点	深层动机	切身体验→高阶思维	深度理解→实践创新
教学环节	情境问题	知识呈现→演练获得	归纳总结→拓展提升

三、培养学科核心素养的主阵地——生本课堂

1. 激发兴趣、共鸣情感与迸发思维。课堂要有心的相遇、相交、交融。若无困惑何来思考，没有困惑就没有课堂。因此，问题情境是学科核心素养发展的战场。途径：精妙、巧妙地设计学科问题。方法：要触发到学生的新奇处、困惑处、共鸣处、挑战处。

2. 学科核心素养发展的课堂教学基本模式。用问题解决学习，让学生在问题解决中学习。

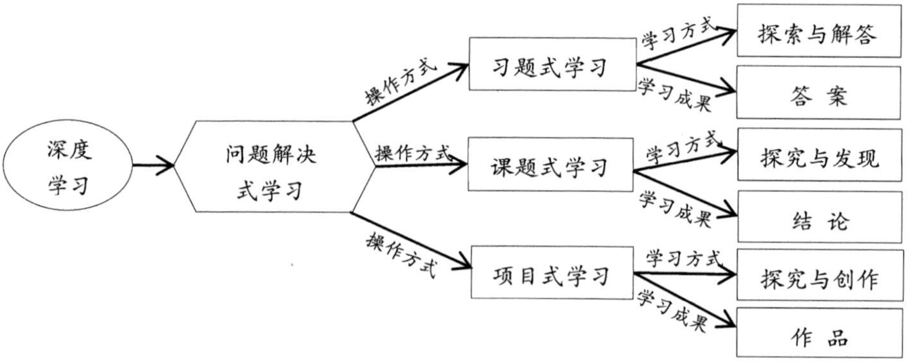

图2-2　学科核心素养发展的课堂教学基本模式

第三章　“四五五”任务驱动生本教学模式

教师之为教，不在全盘授予，而在相机诱导，必令学生运其才智，勤其练习，领悟之源广开，纯熟之功弥深，巧为善教者也。

——叶圣陶

人类本质中最殷切的需求是渴望被肯定。

——威廉·詹姆士

教育不在于使人知其所未知，而在于按其所未行而行。

——园斯金

第一节 “四五五”生本教学模式

教学模式是在一定的教育思想、教学理论和学习理论指导下，为完成特定的考察目标和内容，围绕某一主题形成的比较稳定且简明的教学结构理论框架及其具体可操作的教学活动方式。

生本教学模式是教师在“生本教育”理念指导下，以教师为主导，以学生学会为中心，引导学生主动合作、自主探究，教会学生学习。教师为学生的“学”提供“支持”和“服务”，组织学生整体感知和感悟学习内容，教给学生自主学习、自主探究的学习方法，激发学生对学习内容的兴趣，培育学科核心素养，科学引领和促进学生全面发展、终身发展。

一、任务驱动教学

学习任务是为了实现一定的目标而进行的一系列活动，主要包括学习目标、内容、措施、途径等，是目标与过程的统一。所谓“任务驱动”教学就是在教学过程中，学生在教师的帮助下，紧紧围绕一个共同的任务活动中心，在问题动机的驱动下，进行自主探索和互动协作的学习，并在完成既定任务的同时，引导学生产生一种学习实践活动。这是一种建立在建构主义学习理论基础上的教学法，它将以往以传授知识为主的传统教学理念，转变为以解决问题、完成任务为主的多维互动式的教学理念；将再现式教学转变为探究式学习，使学生处于积极的学习状态，每一位学生都能根据自己对当前问题的理解，运用共有的知识和自己特有的经验提出方案、解决问题。

“任务驱动”教学法最根本的特点就是以“任务为主线、教师为主导、学生为主体”，改变了以往“教师讲，学生听”，以教定学的被动教学模式，创造了以学定教，学生主动参与、自主协作、探索创新的新型学习模式。

二、“四五五”生本教学模式

“四阶段、五环节、五下放”我们简称“四五五”。(1)四阶段：定目标—选问题—编程序—悟道理。(2)五环节：在编程序环节，以层层递进的知识点或能力点（即学习任务）为线索，每个任务的落实过程按照“情境问题—知识呈现—演练获得—归纳总结—拓展提升”五个主要环节进行。(3)五下放：在课堂教学中，教师将观察权、思维权、演练权、表达权、归纳权等还给学生。彻底转换教师和学生的角色，真正实现教师的引导作用和学生的主体地位，将更多时间留给学生去思考、演练、表达与归纳，以提高课堂教学效率，让学生变得会观察、会思考、会实践、会表达、会感悟，全面培养和提升学生的能力素养。

三、“四五五”生本教学模式的原则

“四五五”生本教学模式的实施目标是通过构建此教学模式，围绕培养学生学科核心素养的根本目标，克服表层教学的局限性，实施深度教学，改善课堂面貌，提升课堂教学效益。

“四五五”生本教学模式的教学原则有以下几点：

(1)问题导学。以问题来呈现教学目标，即教学设计中任何概念、规律、方法都要以问题的形式呈现，让学生在问题的探究过程中生成知识与能力。问题的难度要适中，要有针对性和真实性。

(2)任务驱动。以任务为单位，体现知识的产生与演变的科学性，体现能力发展的递进性，让学生学习一点就能掌握一点，杜绝跳跃性教学现象。

(3)以生为本。教师是课堂教学中的主导者，学生才是课堂的主体，因此教师不能独霸课堂，一讲到底，要充分体现学生的观察权、思维权、演练权、表达权和归纳权。

（4）可操作性。生本课堂是以学生为主体的课堂，为了提高课堂效率，必须增强各环节的可操作性，这样才能使生本教学具有实践意义。

（5）因材施教。实施生本教学要根据学生的学习水平、认知结构、已有知识经验和生活体验等实际情况，安排教学活动，切忌生搬硬套，杜绝简单化、剪贴化。

（6）注重生成。学生是知识意义的主动建构者，教学中教师不能直接向学生传授和灌输知识，利用情境、协作、会话等学习环境要素充分发挥学生的主动性、积极性和创新精神，最终达到使学生有效地实现对当前所学知识的意义建构。

第二节　“四五五”生本教学模式的实施

生本教学要以生本教育思想为指导，以先学后教、自主或合作探究、交流展示、精讲点拨、当堂达标为基本方法。总体上包括“四阶段”，其中“编程序”阶段的任务教学主要包括“五环节”，师生互动过程要充分落实“五下放”。如下图所示。

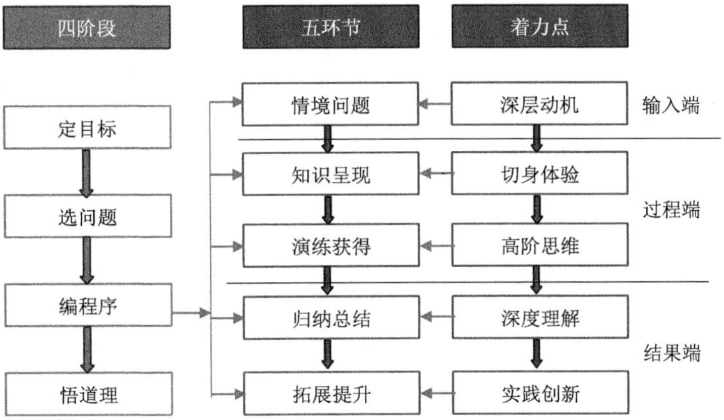

图 3-1　“编程序”阶段的教学任务

一、四阶段

1.定目标。学习目标的确定要全面、具体、可操作，要做到三维目标有机融合，落实学科核心素养，体现学生的主体性，并根据学习内容与学生实际处理好阶段性目标与总体目标之间的关系。着重思考目标的合适性，并合理分解为具体的教学任务。

2.选问题。教学设计中概念、规律、方法要以问题的形式呈现，让学生自己思考概念为什么要这么定义？这个规律是怎么来的？为什么要用这个方法？作者为什么这样写？有何道理？关键词怎么理解？新授课前几分钟可以以问题形式复习上节课的主要内容，简要介绍本节课的内容及重要性。

3.编程序。以“任务”为单位，每个任务按“五环节”要求依次执行。每个任务力争达到培养学科核心素养的功能。（1）以知识（能力）点或微专题为单位，形成“任务”，每个“任务”主要包含：情境问题（探究问题）、知识呈现、演练获得（生成性例题）、归纳总结、拓展提升（巩固性练习）等。（2）一节课实施一个或多个“任务”的教学任务，具体视课堂容量而定，一个基本原则是要让80%以上的学生能接受。（3）存在多个“任务”时，“任务”与“任务”间形成层层递进的逻辑关系：一是要先易后难；二是前置性任务放前面。

4.悟道理。课堂结尾要回顾本堂课的内容和前后联系，这样有利于学生从整体宏观上把握知识结构，所以每节课最后最好留2—3分钟。要注重反思领悟，学生学会每个知识点、解答每道题都要进行反思、总结得失、领悟真理。课后达标，当天巩固。课后巩固最有效的方法就是限时训练，每节自习课都要充分利用起来，规定好训练内容，当堂收，及时批改，及时发现学生学习中还存在的问题，从而调整教学内容。

二、五环节

生本教学要求课堂聚焦核心知识、核心素养，生本课堂是需要学生深切体验、深入思考、深度理解的有内涵的课堂，是需要学生实践参与、解决问题的活性课堂。要达到这样的理想境界，需要立足于五个着力点：深层动机、切身体验、高阶思维、深度理解和实践创新。相应的，每个任务的完成应进行以下五环节的设计。

1.情境问题。实施问题教学法，结合教学目的，引导学生明确要解决的主要问题，即问题定向，以激活学生的深层动机。问题呈现方式应形式多样，可口头、可书面、可录音、可视频、可投影等。课堂中抛出问题后尽量给学生充足的时间思考和演算（至少让多半学生做完），鼓励学生提自己不懂的问题。

创设情境问题后，组织学生围绕问题进行自主探究，引导交流。(1）学生积极思考，结合预习知识、实验、相互讨论等，解决问题。(2）教师对存在困难的学生给予必要的引导，收集学生的答案，并进行典型问题分类与点评。

注意事项：(1）情境的创建与问题的提出要根据知识的接受性而定，何时需要创设，何时可以直接呈现，需因势利导，切勿“为了情境而情境”的教条现象。(2）学生在思考、探讨时，教师不要干扰学生，教师主要是巡堂观察与回答学生个别提问。(3）重点验证点的内容不要直接告之学生，要体现在探究过程中。(4）给学生的思考、探讨时间要充分，要让大部分学生产生结论为止。

2.知识呈现。学生通过自主探究，尝试解决问题，在解决问题的过程中生成知识，这是将观察权、思维权下放给学生，让学生切身体验知识的生成过程，要允许学生出现问题，这往往是正确的先导。教师要在教学中真正成为学生学习的“平等首席”，而不是问题解决的“裁判”和知识的“权威”。

注意事项：（1）避免知识的直接呈现，要尽量让学生表述或书写出来，教师只是点评与引导补充。（2）需要学生做记录的，要提醒学生记录，并留给充分时间。

3.演练获得。根据任务目标，设置针对性强的生成性例题，以帮助学生理解知识和运用知识，诱导学生的高阶思维。展示出例题后，要将演练权下放给学生。在学生自主解决问题过程中要多巡视，看看他们错在哪里，卡在哪里，有时他们的卡点跟你预判的不一样，这样在点评环节才能心中有数。

注意事项：（1）给学生充分的演练时间，切勿在学生意犹未尽时中断学生的演练。（2）学生演练过程中，教师不要干扰学生，教师主要是巡堂观察、回答学生个别提问或对出现卡点的学生给予必要的点拨。遇到卡点，可让同学们讨论一下或适当提示一下，老师不要提示太多，避免打断学生的思路。（3）需要展示学生演练情况的，尽量安排学生上台板书或用展示台展示学生的演练成果，展示的成果尽量丰富些，最好能形成对比。

4.归纳总结。生成性例题完成后，让学生归纳总结知识运用、解题方法，这是将归纳权下放给学生。当学生归纳不到位时，教师可分解成几个具体的问题引导学生总结，以达到让学生对所学知识深度理解的目的。每个问题尽量由学生来讲，这是将表达权下放给学生，通过学生的回答可以看出他们的掌握程度。在学生回答问题时我们可以引导学生分四个层次交流。第一个层次解释对错，你自己对这个题的理解，如果做错了，错误的原因分析（审题？知识？计算?）；第二个层次找出卡点及原因，通过卡因分析往往能找到学生的知识弱点或盲点；第三个层次总结提炼出本题考察的知识点和方法，还原知识模型，揣摩命题意图，达到这个层次的学生就能从根本上理解题意，掌握方法，以不变应万变；第四个层次就是找类似题的区别和联系，通过不同题目的对比找出共性，并进行拓展和变化，这样的学生就能学以致用，达到教育的目的。

注意事项：（1）避免就题论题现象，要深入问题的本质，延伸至一类、一片等，帮助学生真正理解相关知识；（2）避免简单复述思路，而不概括产生明确结论。

5.拓展提升。设置与生成性例题类似、补充性或提高性的巩固性练习，让学生进一步增强对知识运用的水平，提升理解的深度，提高实践能力。其操作流程和要求与“演练获得”基本一致。

注意事项：（1）这里需根据知识的难易程度充分预判学情，由此来决定是否需要安排这一环节，安排多少个巩固练习题，简单内容不宜重复练习，重难点内容可适当多配一些巩固训练，以达到举一反三的训练效果，让学生真正学会。（2）只要出现大面积没学会的现象，就要进一步加以指导、训练，打破唯进度论。

三、五下放

培养学科核心素养的课堂要求学生要深度学习、深度思维、深度理解，要给学生实践参与的机会，要通过引导学生参与问题解决，唤醒学生学习活力。课堂上学生是主体，教师是课堂教学中的主导者，教师不能独霸课堂，一讲到底，要坚持“五权下放”：一是观察权，能让学生观察的让学生自己去观察，重视对学生想象力的培养，把观察权还给学生；二是思维权，能让学生思考的要让学生自己去思考，把思维权还给学生；三是表达权，能让学生表述的要让学生自己去表述，在课堂教学中、师生交流过程中，要给学生的话语机会、话语权利及话语地位；四是训练权，凡是学生自己能学会的，就引导学生自己学习，凡是学生能动手操作的，尽量让学生自己动手；五是归纳总结权，能让学生总结的要让学生自己推导出结论。

第三节 生本课堂对师生的基本要求

生本课堂需要营造浸润着民主、平等、激励和谐的人文课堂环境，要以学生的积极参与为前提，学生参与课堂教学的积极性，参与的深度与广度，直接影响着课堂教学的效果。同时，教师要转换角色，从“知识的神坛”上走下来，成为学生的学习伙伴，组建起“学习共同体”，与学生平等交流和探讨，允许学生提出自己独特的见解、奇特的想法，激励善待学生，创设一种“心理自由和安全”课堂教学环境，让学生的心智和心灵能自由自在地放飞。

一、对教师的要求

（1）更新理念，敢于放手。（2）努力提升专业素养，提高课堂教学组织能力。（3）课前做好充分准备。教学设计要充分，目标定位合理，问题设置有效，课堂容量合理。（4）要加强学法指导，包括学生要重点理解教材中的关键词句、内容等，以及学习方法、记忆方法、理解角度、理论活用等学习活动方式的指导和疑难问题的索引、提示等，是对学生自我学习的重要指导，学法指导要具体。

另外，教师还需要更新教学手段，要养成借助课件展示教学内容的习惯，增强师生互动过程的交流；要善于运用微课增强教学直观性、生动性，高效突破重难点；要能熟练运用展示平台，展示学生的演练成果；要熟练掌握交互式电子平板与同屏技术，提升课堂容量与效率。

二、对学生的要求

（1）解放思想，消除对老师的依赖心理，积极主动思考，遇到难点要善于通过同伴互助合作解决问题。(2)养成展示交流的良好学习习惯。(3)养成思辨的习惯，敢于质疑，勤于提问，“大声讲话、大胆质疑”。

三、对教师点拨的要求

在生本教学中，要求教师由知识的传授者转变为学生学习的组织者、引导者、合作者，教师对学生的引导，一种有效方法就是适时、适当对学生的学习进行有效“点拨”，其特点在于“含而不露，指而不明；开而不达，引而不发”。

点拨的关键点主要有：一是衔接之处，起到温故知新的作用；二是疑惑之处，帮助学生解疑释惑；三是重点之处，帮助学生突破重点；四是提炼之处，引导学生总结规律；五是混沌之处，帮助学生明辨是非。

教师点拨要有针对性，对深度、时间等的把握要适度，具体应注意：(1)点拨的内容。教师要围绕重点、难点、易错点、联系点、困难点、关键点等核心内容进行点拨。(2)点拨的时间。教师精讲点拨总时间原则上不超10分钟，连续精讲点拨不超3分钟。(3)点拨的深度。点拨不能停留在问题解决的表象上，要达到适合学生学习需求的深度，不能把展示热闹作为课堂追求的目标。(4)点拨的高度。课堂点拨要从方法总结、规律把握、注意事项、体会反思、学习建议等方面进行点拨，从而发挥问题的全部功效，提高学生的学习能力、分析解决问题能力，达到举一反三之效。(5)点拨的广度。课堂的开放是有限的，而课外及以后的学习是无限的。因此，点拨要对问题进行适度拓宽和链接，从而开阔视野，丰富内涵。

四、对学生展示的要求

课堂中学生展示交流要做到充分、适度、到位，具体从以下几个方面操作。

1.展示的学生数量。要根据课堂教学的实际情况，尽量让更多的学生在课上得到展示。展示可采用一对一展示、小组内展示和全班展示交流等形式。

2.展示的学生要有针对性。（1）在学生演练过程中，教师要勤于巡堂，发现有代表性的方法、问题、错点后，从中选有代表性的同学展示。（2）以目标生为重点，上可延伸到优生、下可延伸到后进生。可设计“点名册”，将不同类型的学生分类编排，以增强点名的目标性。

3.展示的呈现形式。要充分利用各种形式对学生的问题解决进行呈现。展示呈现的形式有黑板展示、纸质展示、多媒体展示、语言表达等。

4.展示的状态形式。要灵活运用展示的状态形式，如讲解、演讲、演示、表演、讨论、辩论、质疑和提问等，来提高展示交流的高度、深度、广度。

5.展示的质量要求。尽量要让问题解决的不同方法都得到展示，以拓宽学生视野；要尽量展示问题解决的方法、规律和体会等，以提高学生解决问题的能力，使全体学生共享合作探究的成果。

第四节　生本课堂教学评价及参考标准

一、生本课堂教学评价

生本教学的关键是要突出学生主体地位，要通过合作探究，让学生自主解决问题。课堂是否成功，可通过“探究问题要有效、学生参与要有效、任务落实要有效”等方面来衡量，具体有以下几个方面。

1.教学设计是否合理。学习目标是学习中学习者预期达到的学习结果和标准。教师要确定符合实际内容范围和难度要求，教师上的每一节课都应当有针对性，没有任何一份教材和教案能适合任何学生。教师一节课的设计，实际上就是一次创造性劳动。教师应根据教学条件和学生的学习准备度，确定恰当的内容范围和难度要求，设置合理的预期目标。一是教学目标的定位是否符合学情；二是是否有利于落实学科核心素养；三是教学任务的划分是否与教学目标相适应；四是问题的设计与情境创设是否有效；五是课堂容量是否合理。

2.课堂教学的流程是否基本稳定。课堂教学的流程基本稳定下来，容易使学生养成一种课堂学习的习惯，一个环节完成后，自然开展下面一环节的学习。因此，课堂教学每项任务的完成，基本能按“五环节”的基本流程和要求实施。但课堂是灵活的，要根据学生的掌握情况、内容的繁简、难易或课型等因素做适当的调整，该强化的环节可多花些时间，该弱化的环节大胆精简。

3.是否重视学生主动参与课堂学习，学生的参与度是否理想。学生参与是提高课堂效率、实现学生课堂主体地位的关键因素。在参与过程中，涉及学生的学习动机、信心、兴趣和情感等各个方面，学生不仅能不断地建构知识、提高技能、活跃思维、展现个性和开阔视野，而且能不断地完善自己的人格和个性，提高实践能力，培养创新意识。

课堂上能否激发学生主动参与、专注参与是衡量生本教学设计与教学双边活动是否有效的重要指标。（1）学生参与的方式：个别学习与小组合作学习相结合，不是形式上的大合唱，而是实质性的思考、表达、讨论与交流。（2）学生参与的广度与深度：包括学生自主活动和学习的时间，学生回答问题和动手操作的人次等。（3）参与的效果：教学目标的达成情况、思维能力的开发程度及情感态度的提升效果。尊重学生需要，保护学生自尊心，培养学生自信心。

4.教师是否做到精要点拨、“五权”下放。教师点拨要有针对性，对深度、时间等的把握要适度，不能包办，“五权”下放充分。

5.课堂教学是否保持有效互动。生本教学的教学过程是认知建构、师生互动、情感体验多向交流的过程，评价一堂课是不是高质量的课，是不是“生本教学”，教师能否使课堂保持有效和深层互动是一条重要指标。评价课堂教学的互动性可从以下方面来分析判断：是教师拥有“言语霸权”还是“民主协商”？是“先教后学”还是“先学后教”？是“示范模仿、讲解接受”还是“自主探究、参与体验”？是教师的“包办代替”还是学生的“自主建构”？是仅重视“知识结果”还是“过程与结果并重”？

能够让学生留下思考空间，让学生充分发展。好的课堂应当让学生有思考内容、空间和时间。教师的责任在于为学生提供必要的时间和想象空间，并引导学生思考，这样才能让学生积极参与到学习活动中。

6.是否关注学生的情感体验。生本教学追求三维目标的整合，即以知识和能力为主线，分层落实，面向全体学生；以过程和方法为核心，启发学生，促使学生全面发展；以情感和态度为动力，促使学生主动发展。而积极的情感体验只能建立在民主和谐的学习氛围之上，建立在学生不断的成功和进步之上，因此教师能否营造民主、和谐、宽松课堂环境是学生获得积极情感体验的前提条件。考察教师是否关注学生的情感体验可从以下面个方面去判断。

（1）教师创设宽松和谐课堂情景的程度。教师是否有激情，精神是否饱满；是否善于挖掘教材中的情感因素；授课过程能否引起学生的兴趣和情感共鸣；是否善于表扬激励学生，让学生体验到成功的乐趣；是否善于体察学生的变化，恰当调控教学；是否善待、宽容和欣赏学生。

（2）学生情感投入的程度。学生注意力是否集中，有无高涨的学习热情和良好的精神状态，能否保持内在的学习兴趣和需要。能够为学生创设宽松和谐的学习环境。好的课堂应当是教师创设的宽松和谐的学习环境，使学生在探索和学习过程中获得丰富的情感体验。宽松和谐的环境并不完全依靠故事、游戏或生动的情景来创设。教师形象生动、富有智慧的语言，一个含蓄的微笑，一句鼓励的话语，一个富有启发性和创造性问题，一个激起学生强烈学习动机的探索活动等等，都可以创设一个良好的学习环境，使学生不仅学会知识，形成技能，并获得情感上的丰富体验。

二、生本课堂教学评价参考标准

表3-1 生本课堂教学评价参考标准

项 目	内 容	评价参考
课前准备	教学设计	是否有相应的教案
	设备准备	需要媒体设备时,是否于课前做好准备
教学过程	教学流程	教学流程是否基本稳定,是否能按“五环节”的基本要求实施;是否能根据内容的繁简、难易或课型等因素灵活处理,而不生搬硬套;教学任务的划分是否得当;任务间模块化是否清晰;各任务是否如期完成;是否存在走过场现象
	探究活动	问题的设计与情境的创设是否有效;提出问题后是否能充分组织学生自主或合作探究;是否能让学生自主归纳、补充结论,提炼规律,呈现知识;是否能坚持学生主体,落实五权下放
	演练获得	是否能坚持学生主体,落实五权下放;是否能让学生充分思考、演练,形成明确结论,在自主或合作探究过程中获得对知识运用的体验
	归纳总结	是否能准确了解学生存在的问题;是否能提炼规律和解题方法。新授或一轮复习课是否能突出基本问题的提取或基本技能的强调;二轮复习课是否能突出题型意识,对高考题型讲深讲透,达到触类旁通的效果。是否能坚持学生主体,落实五权下放
	拓展提升	对重点难点是否能在此环节通过举一反三的途径让学生充分理解和掌握,拓展练习是否能充分让学生自主演练
	参与的针对性	点名学生参与时,是否存在无针对性现象;是否能充分关注不同水平的学生,尤其是目标生
教法学法	教学手段	媒体设计和使用是否得当;是否存在完全取代板书现象;是否存在课件不熟练现象
	演练本	是否指导学生合理使用演练本,注意规范书写的指导
	笔记指导	是否能指导学生记课堂笔记;重点内容是否能留给学生充分的记笔记时间

续　表

项 目	内 容	评价参考
教法学法	学讲任务	对要求学生识记的内容是否能按“学讲计划”的要求明确课后学讲任务并明确落实要求
教学效果	学生收获	学生对各任务的掌握情况是否达到预期目标

第四章 “知识问题化 问题情境化”的生本教学设计

活的人才教育不是灌输知识，而是将开发文化宝库的钥匙，尽我们知道的交给学生。

——陶行知

谁要享有发展和培养，必须用自己内部的活动和努力来获得。

——第斯多惠

最精湛的教学艺术，遵循的最高准则就是让学生自己提问题。

——布鲁巴克

第一节 概 述

生本教学要求教师在课堂教学中，将观察权、思维权、演练权、表达权、归纳总结权等交还给学生。为有效落实“五权下放”，教学设计不仅要考虑“问题化”，还要考虑“情境化”，即“知识问题化、问题情境化”，通过将知识转化为问题融入情境中，激活学生的深层动机，引领学生在一个又一个问题情境中领悟知识，达到对知识掌握和迁移的目的，这样的教学设计是生本教学必备的支撑条件。

古希腊哲人普罗塔戈的名言:“头脑不是一个要被填满的容器，而是一束需要被点燃的火把。”“问题”就是点燃学生思维的火种。从根本上说，教学设计就是问题设计，没有问题的课堂是没有生命的课堂。在教学设计的过程中，问题的设计显得尤为重要。有效的问题设计可以提高课程的教学深度与广度，可以增强师生互动，优化课堂生态，提高教学的有效性。而问题设计时要创设问题情境，学生学习的过程，就是把知识重新进行重组的过程，这就需要教师给学生创建情境平台，让学生在情境材料中思考问题，在思考问题中掌握知识。把学生置于问题情境中，并通过设置悬念，激发学生渴求解答的欲望，从而充分调动学生学习的积极性，激发学生学习的兴趣，提高学习的内驱力。

在《普通高中课程方案》(2020年修订）中，关于“情境”有两段重要表述:“重视以学科大概念为核心，使课程内容结构化，以主题为引领，使课程内容情境化，促进学科核心素养的落实”，“关注学生学习过程，创设与生活关联的、任务导向的真实情境，促进学生自主、合作、探究地学习，注重对学生学习过程的评价”。在九个科目的课程标准中，“情境”一词的出现频数达548次，可见新课程标准中对情境内容的重视程度。这一点，在高考命题方向上就有所体现。

总之，我们应该积极引入“知识问题化，问题情境化”的理念，多设计有效问题，围绕“知识与技能、过程与方法、情感态度与价值观”的三维培养目标，多设计生动情境，让学生在问题的探究过程中，充分发挥自主观察权、思维权、演练权、表达权、归纳总结权。

第二节　知识问题化的原则与方法

著名教育家陶行知说：“只有问题，才能引起思考，只有思考，才能解决问题。”问题是一个围绕核心知识点设计的，能引起学生深入思考，具有探究性和开放性。

学生是问题设计的主体，在教学活动中不是教师简单地罗列和灌输知识，而是引导学生在解决实际问题的过程中自主构建知识体系。

一、设计问题的基本原则

1. 计划性原则。即根据教材中每节课的教学目标，从感性到理性、从已知到未知、从特殊到一般，有步骤、有计划地设计出课堂上所要提出的问题，做到通盘打算，合理安排，不随意进行。

2. 启发性原则。好的课堂必须能充分体现以培养学生的思维和表达为主要任务。课堂教学中通过问题的设计促进学生的思维，通过表达展现学生的思维过程和显露思维过程中存在的问题。

3. 就近发展区原则。学生对问题的理解和体验受到生活经验和认知水平的限定，问题的设计起点就决定是否靠近学生的最近发展区。教学一个最重要的起点是学生已经知道了什么，那么，问题设计的源泉就是学生已有认知结构中的有关知识与新学习的知识之间的联系，新旧知识的联结常常就是引起问题设计的出发点，教师应把握学生思维的起点和认知水平设计问题。

4. 生成性原则。学生对知识的学习不是“被知道”，而是学生利用学习的策略对学习材料进行生成性加工，那么问题的设计要能引导学生对知识生成性的探究。

5.认知冲突原则。设计的问题与学生的原有认知产生强烈的冲突，能充分调动学生的积极性，活跃课堂气氛。

6.衔接性与递进性原则。问题与问题间环环相扣，层层递进。环环相扣型教学设计是由一些梯度较小、层次较多的问题情境来构成学生思维的阶梯，使学生在明确知识内在联系的基础上获得知识、提高思维能力。教师可从整体的角度设计问题，把整个教学过程都融入情境之中。

要呈现问题结构，设计的问题应是学生学习的结构图和程序链，要有层次和联系，使学生在解决一个一个小问题中，自然解决重点问题，并让学生体会到思考问题、解决问题的方法。

二、设计问题的基本方法

不同课型的设问目标和策略是不同的，不同问题的功能也不同。问题必须与课型相符合，这样才能做到有的放矢，提高课堂教学效率。

1.新授课问题的设计。新授课的提问设计一般以顺序性提问为主，在解决问题时，可以采取教师自问自答、师生共同讨论或由学生回答。通常可通过讲、议、练三种形式的有机结合来引起学生的思维活动，落实预想的教学目标。

2.习题课问题的设计。习题教学的目的之一是培养学生运用知识解决问题的能力。通过解题，可以贯通概念、公式、原理，深刻理解知识点的意义及相互之间的内在联系，可以培养学生用有限的信息去处理复杂问题的能力。学生在解决问题时，常常对复杂的问题感到很困惑，表现为不能通过表面的题设抓住问题的本质。因为抓不住所述问题的特点，所以造成选择什么知识与方法来解决问题就无从下手。在平时教学时要设计好问题，逐步引导学生掌握分析问题的思维、思路和套路，逐步提高分析问题、解决问题的能力。

3.复习课问题的设计。教学实践表明，复习课的提问设计不应是课本知识的系统重复，而应将提问的重点放在帮助学生建立知识结构、找出知识间纵向与横向之间的联系。通过这样的一系列问题，将学习的相关知识系统化，从而加深对知识的理解。

三、设计问题的注意事项

1.好的问题一定是面向核心知识，难度适当，而且有较大的拓展空间。为了提高创新思维能力，就要培养学生思维的灵活性。

2.问题要因材施教，区别优秀生和学困生来设计问题，应该满足他们的思维发展实际。教学中要根据教学过程中的信息反馈，调整、控制问题的难度，特别对学习困难学生应适时地给予必要的辅助和提示，增强他们思考问题的自信心。

3.问题一定要有目的、有计划、有步骤、有准备，千万不要在课堂上信口开河，信马由缰离题千里，否则会降低课堂效率、产生不良后果。

总之，问题是手段不是目的，最终目的是培养学生的思维和表达。凡是围绕培养学生思维和表达的问题都是“好”的问题，凡是不能培养学生思维和表达的问题都是“差”的问题。课堂上要多多呈现好的问题，减少差的问题，这样的课堂就是高效的课堂。

第三节　问题情境化的原则与方法

思维型教学理论的各要素中，首要的是动机激发。动机激发所要解决的是创设情境，引入问题，从而激发学生的学习动机；再通过问题的引领和驱动来激发学生的认知冲突；最后再进入社会建构、元认知和应用迁移。教学情境的设计不只是传统意义上的导入新课，情境不应该只在讲解新课前发生作用，它应该在整个学习过程中都能激发、推动、维持、强化和调整学生的认知、情感和实践活动等，在教学的全过程中发挥作用。情境创设的意义有三点：第一，情境的创设是为了服务于学生学科核心素养的发展；第二，从课堂教学角度来讲，情境的创设是为课堂教学服务的；第三，从知识应用来说，要将知识应用到真实的问题解决中去。

一、创设教学情境的原则

有效的问题情境可以激发学生的探究欲望和参与动机，激活思维，促使学生主动思考问题。一个好的情境也有利于突出重点，化解难点。如何选择合适的情境将问题融入其中是实现学生解决问题、获取知识的前提，问题情境的设计要坚持以下原则和方法。

1. 针对性与目标性原则。情境的创设在“知识问题化”的前提下进行，创设的情境首先要考虑教学目标的落实。材料或活动情境要针对课堂教学的内容而创设，为实现教学目标而服务。只创设情境却没有与知识挂钩，会失去情境创设的意义。

2. 真实性原则。要注意情境的真实性，从生产生活的实际进行问题情境设计，知识只有在真实的情境中呈现，才能有效地激发学生的认识需要。

3. 适宜性、冲突性与诱发性原则。要根据学生的知识经验、生活背景、思维方式创设问题情境，既要能激起学生的好奇心，又要能使学生有能力理解。同时，所创设的情境还要能激起学生的认知冲突，激发探究欲，激起学生的积极思考。

4. 层次性原则。学生的学习活动是一个从简单到复杂、由易到难循序渐进的过程。因此，在教学中创设教学情境应尽可能依据学生的实际经验和认知，架设好学习的框架，有层次，有梯度，考虑好问题的衔接与过渡。

5. 适度性原则。现代社会信息大量涌入，教师要懂得筛选和优化素材，创设情境不能过多，若不加斟酌地将大量素材呈现在学生面前，将导致教学主线不明朗，反而会让学生眼花缭乱，降低课堂教学效率。

6.功能性原则。创设问题情境的教学功能主要有以下三点：一是激发学生的好奇心和求知欲，培养学生的创新意识；二是通过问题情境来讨论问题，训练学生的思维素质；三是在探索创新过程中渗透和培养学生的创新思维方法。若把情境创设的功能只定位在激发学习兴趣上，忽略其他功能，则容易导致教学设计程式化。

二、教学情境的类型

1.经验情境。经验情境的创设应该是基于学生所熟悉的、已有经验的情境创设。创设情境的目的是引入问题，激发学生的学习动机。如果创设的情境远离学生的经验与知识，它就无法起到激发学生学习动机的作用，反而会起阻碍作用。心理学中有个名词叫作启动效应，如果学生对所创设的情境感到熟悉，他们的心理就容易得到启动，从而产生学习的内驱力，否则就会起到抑制作用。

2.社会事件情境。通过引入具有时效性、典型的、学生不知道的客观存在的社会事件创设情境更利于学生理解知识。

3.艺术情境。艺术情境是指借助一定的艺术素材或者手段，如借助图画、音乐、视频所创设出的情境。

4.模拟联想情境。教师根据教学内容和教学目标，有针对性地设计情景，并让学生扮演情景角色，模拟情景过程，让学生在高度仿真的情景中获取知识和提高能力。这种教学情境突出操作性、讲究趣味性、注重实效性。

5.实验情境。实验情境更加适合在自然科学类科目中创设。基于实验创设的情境是为认知冲突及思维的发生来服务的。

6.历史情境。历史情境也叫学科发展史情境。在教学过程中，脱离了历史背景，不一定能达到我们想要的学习效果。

7.生成性情境。我们说课堂是一个动态的、开放的、真实的、生成的课堂。相对教学设计的预设性，我们的教学还有生成性。因此，随着课堂教学的进行生成的情境称为生成性情境。叶澜曾说过一句话来强调生成的重要性及价值：“课堂应是向未知领域挺进的旅程，随时都在可能发生意外的通道和美丽的风景，而不是一切都必须遵循固定的路线而没有激情的形成。”其实，学生所暴露的错误实际上就是一个生成性情境，教师可以此作为教学的情境，进一步让学生深入理解。

8.问题情境。问题情境是最重要的一种情境。问题情境是最好的认知冲突及学生思维的承载方式。桑代克准备律告诉我们学习是要有条件的，学习过程中，学生要处于“饥饿状态”，要具有学习的动机。因此，教师应该常用设置问题情境激疑，激发学生的认知冲突，同时创设问题情境来促进学生思维的深度发生。

三、创设教学情境的方法

有价值的教学情境要体现以下几个特征：一是基于生活。强调情境创设的生活性，其实质是要解决生活世界与科学世界的关系，新课程呼唤科学世界向生活世界的回归。二是注重形象性。强调情境创设的形象性，其实质是要解决形象思维与抽象思维、感性认识与理性认识的关系。三是体现学科特点。情境创设要体现学科特色，紧扣教学内容，凸现学习重点。四是内含问题。有价值的教学情境一定是内含问题的情境，它能有效地引发学生的思考。情境中的问题要具备目的性、适应性和新颖性。目的性指问题是根据一定的教学目标而提出来的，目标是设问的方向、依据，也是问题的价值所在；适应性指问题的难易程度要适合全班同学的实际水平，以保证大多数学生在课堂上都处于思维状态；新颖性指问题的设计和表述具有新颖性、奇特性和生动性，以使问题有真正吸引学生的力量。五是融入情感。情感性指教学情境具有激发学生学习动力的功效。教师入境入情，学生心动情发，起到了见作者之所见，思作者之所思，与作者的情感产生心灵共鸣的作用。创设教学情境的方法主要有以下几种：

1.与实践相结合，创设生活实际教学情境。课堂教学中联系生活，结合教学内容创设实际情境，这些源于学生生活的实际教学情境，是学生最感兴趣也最易于接纳的。古人读书“虚心涵泳，切己体察”就是这个意思。

2.运用实物演示情境。教学内容中涉及的物体，若对学生来说是陌生的，可实物展示，也可用图片、视频等展示。

3.利用实验或自然现象创设情境。可以设计一些有启发性的实验，让学生围绕某个专题展开实验探究；或利用客观的自然现象唤起学生的表象，从而激发学生产生问题。

4.运用媒体直观演示，创设形象情境。学生在学习知识的过程中，具体动作思维、直观形象思维处于优势地位。在教学中，运用多种教学媒体的演示、操作、实验等方法再现教学内容情境或结合教学内容创设情境，让学生入情入境，借境悟理，主动学习。

5.扮演角色体会情境 。适用于模拟联想情境的创设。扮演角色体会情境，有四种做法：（1）进入角色。让学生带着强烈的感情阅读课文，体会课文中各种人物的思想感情。（2）分角色朗读。这样的阅读，可以让学生听到教材中各种人物的不同声音，虽未见其人，却已闻其声，增进对课文的理解。（3）直接表演。课文中选编的戏剧，可组织学生装扮成剧中人，在分角色朗读的基础上进行表演。（4）改编课本剧。根据课文编写剧本，然后让学生进行表演，同样不失为语文教学的一种方法。

6.利用故事创设情境。故事可以是史料、科学家轶事等。有目的的、恰当的故事创设情境设置，可激发学生的学习热情，发展学生对科学的好奇心、求知欲，使学生乐于探究，体验到探索自然规律的艰辛与喜悦。

四、创设教学情境的误区

1.形式化的情境。教师创设的教学情境与课程的内容没有实质性的联系。

2.假问题的情境。没有思维价值的问题或不能引发学生思考的问题。

3.缺乏真情的情境。情境不仅包含场景，而且内含情感。任何情境如果没有教师的感情投入，都会失去其教学功能。

4.“猜谜式”的情境（偏离教学的情境）。若创设情境是兜圈子、猜谜语，让学生不知所云，反倒影响和干扰学生的学习。

5.“电灌”的情境。过度使用和依赖多媒体课件创设情境。

第四节 生本教学设计基本结构与评价标准

一、基本结构

生本教学设计基本结构主要有两种：总分结构和串联结构，见图4-1，4-2。

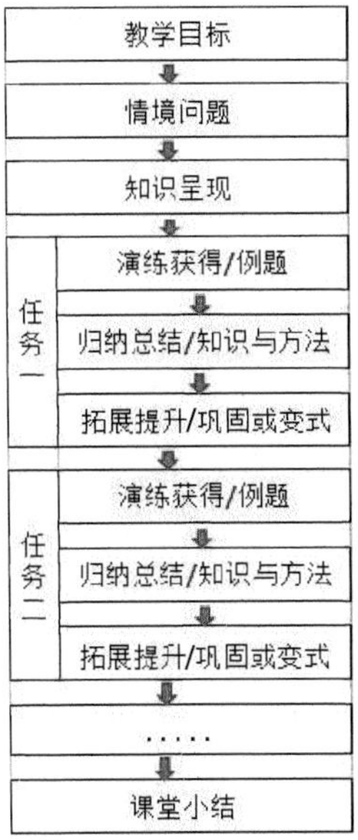

图4-1 生本教学设计总分结构

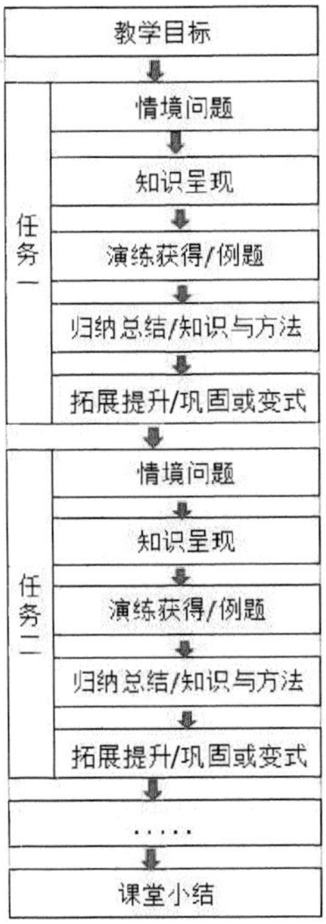

图4-2 生本教学设计串联结构

1.总分结构特点：先对本课要学的知识进行全面探究，然后分点（任务）运用，逐一突破。

适用范围：适用于知识综合性较强，不宜分解学习的教学内容。

优越性：先学后练，先进行知识总括，再进行逐点运用，有利于学生对知识体系化的系统性学习。但当学生对前置的“总”的部分掌握不理想时，后面的学习任务就会受阻。

2.串联结构特点：先对本课要学的知识分解成任务，然后分任务逐一进行探究、运用。

适用范围：主要适用于两类知识体系，一是知识关联性不强，二是递进式知识。前一知识掌握后才能学习后续知识。

优越性：边学边练，递进学习，聚散灵活，当堂课不能完成的任务，在下一课时，还能保持学习任务的完整性。

两种结构的形式均符合结构化的设计理念，以任务目标的达成为一个结构，对生本教学中增强学生的目标性是很有利的。当然，两种结构不是完全对立的，根据需要，可以进行穿插运用。

二、生本教学过程设计

1.课前自主学习。

教师行为：教师提前发布本节课的教学目标和教学重难点，布置预习任务和要求。

学生行为：根据预习任务开展自主学习活动。

设计意图：在问题动机的任务驱动下，引导学生通过对学习材料积极主动的运用，进行自主探究。

2.教学过程的设计（编程序）。

根据“五环节”，每个任务的教学过程与师生互动的设计主要有以下几个步骤：

（1）第一步：情境问题（创设情境，提出问题）。

教师行为：展示情境素材（文字材料、视频、音频等），根据情境材料提出问题或引导学生自主提出问题。

学生行为：学习情境素材，根据学习目标提取信息。

设计意图：创设真实情境，让学生融入其中，激发探究欲望，激活深层动机。

注意事项：情境的创建与问题的提出要根据知识的接受性而定，何时需要创设，何时可以直接呈现，需因势利导，切勿“为了情境而情境”的教条现象，这样就显得牵强附会了。

（2）第二步：知识呈现（问题探究，生成知识）。

教师行为：组织、指导学生进行总结，让学生自己概括知识或解决问题的方法。

学生行为：自主构建知识。

设计意图：让学生自己发现知识，锻炼归纳能力、表达能力等，切身体验知识的生成。

（3）第三步：演练获得（运用知识，发现问题）。

教师行为：展示演练问题，巡视、指导学生演练。

学生行为：自主或合作解答问题。

设计意图：对所学知识当堂运用，以检测学生对知识的理解与掌握情况，引导学生的高阶思维。

（4）第四步：归纳总结（提炼规律，点拨释疑）。

教师行为：引导学生对本任务的学习进行总结，包括知识层面、方法层面、成功之处、失败之处等。

学生行为：自主或小组归纳总结，分析本任务学习的得失。

设计意图：引导学生课堂学习反思，锻炼归纳能力、表达能力等，帮助学生深度理解所学知识。

（5）第五步：拓展提升（深化运用，内化能力）。

教师行为：组织学生在演练与总结的基础上进行巩固性练习。

学生行为：自主解答问题。

设计意图：对所学知识当堂检测，以增强对知识的理解，对知识的拓展运用。

另外，需要注意的是根据知识的难易程度充分预判学情，由此来决定是否需要安排这一环节，安排多少个巩固练习题，以达到举一反三的训练效果，让学生真正学会。每个任务落实过程的“五环节”，根据情况可灵活处理，设置哪几个环节，突出哪些环节，要根据内容的层次、学生的水平灵活处理。根据教学内容，一节课可设计一个任务，也可设计多个环环相扣、层次分明的系列任务。

三、生本教学设计评价参考标准

表4-1　教学设计评价参考标准

项目	内容	评价参考
教学目标设计	目标确定	包含知识与技能、过程与方法、情感态度与价值观等方面内容
	目标阐明	目标阐述正确，具有可操作性、可评价性，符合学科特点和学生认知规律
	重点难点	重点难点把握准确，描述清楚，能够化难为易，以简代繁，处理恰当
教学方法设计	教学方法	教学方法描述清晰，符合教学对象的要求，有利于教学内容的完成，有利于教学难点的解决，有利于教学重点的突出
	教学手段	教学辅助手段准备与使用说明清晰，教具及现代化教学手段运用恰当
教学过程设计	教学环节	各教学环节、任务符合“五环节”基本要求，流程稳定、清晰，给学生形成较强的模块化、程序化思维
	任务设置	任务的设置要有问题意识，新课与一轮复习课基本问题意识要强，二轮复习题型意识要强；任务不宜过大，划分要有层次性、递进性或并列性
教学过程设计	情境问题	问题定向明确，情境设置合理。二轮复习可合理取舍
	知识呈现	知识呈现要点化、序列化，条理清晰。二轮复习可合理取舍

续 表

项 目	内 容	评价参考
	演练获得	例题要有针对性与生成性，有利于促进与检验学生对所学知识、方法的理解与运用
教学过程设计	归纳总结	对学生演练进行总结，一是存在的主要问题；二是分析题目信息点与知识点间的表征与本质关系；三是分析解题方法，提炼解题规律
	拓展提升	让学生进一步增强理解能力与运用水平，提升理解深度，可以是演练例题的变式、类题、补充性问题等。对学生容易掌握的任务可合理取舍此环节
设计规范	内容	内容完整，语言清晰、简洁，图表运用得当
	排版	格式整齐、美观，布局合理

第五节 新课的教学策略

本节所提“新课”的概念旨在区别于高考总复习课，是高考总复习前基于教材的新内容教学，是学生学习新知识的阶段。新课的质量从根本上决定着学生学习的质量。

一、新课的基本教学任务

1. 培养兴趣，养成良好的学习习惯。根据“学习规范”要求，指导、帮助学生掌握科学的学习方法，形成良好的学习习惯。

2. 实现“三维”目标，培养学科核心素养。按照高中课标的要求，扎实掌握基础知识，着力培养基本技能，形成基本综合能力，具备基本活动经验，要紧紧围绕学生的“学会”做文章，为后续学习奠定坚实的基础。

3. 指导掌握各单元知识结构。以“单元”为单位，从整体上把握知识结构，形成知识网络，构建知识体系；单元知识能“单元过关”。

4.落实小组化学习管理办法。将学习习惯养成与学习任务落实等工作通过学习小组来让学生自主完成，增强学生学习自主管理能力，达到化整为零，提升教学实效的目的。

二、新课的基本教学要求

1.目标定位要恰当。教学过程中，各学科要根据课程标准的要求，在知识与技能目标的要求方面确定合理的教学难度。对于相对较难的知识点要进行分解处理，学科能力的提高要循序渐进，适当降低教学难度，减缓学科坡度。

2.讲解要透彻。教师要将学科知识深入浅出地呈现给学生，不能含含糊糊。课堂上要切实把课本知识的教学放在首位，抓住基本概念、基本原理、基本规律、基本观点和基本方法等基础知识的教学；要归纳、综合教材的知识结构体系，揭示概念、原理、规律的内涵和外延，总结教材中的学科思想和研究方法，挖掘教材的能力培养价值，落实学科核心素质的培养。

3.训练要到位。要充分发挥学生主体作用，通过精练巧练，使学生掌握知识，形成能力。训练题目的编选要精，要典型，易、中、难要合理搭配，一般不要以高考的要求选题，对不同的学生要提出不同的要求，坚决摒弃“一步到位（高考）”的要求。

4.落实要强化。要根据学科特点，研究如何抓落实。文科类要加强知识的识记与积累，要检查记忆效果；理科类除要求识记基本概念、基本原理外，要重点加强能力培养，尤其要加强实验教学，培养学生的动手能力、探究意识和探究能力。

5.发展要均衡。要面向大多数学生，让80%的学生学会80%的知识，避免出现过早分化现象。

三、新课应遵循的教学原则

教学原则反映了人们对教学活动本质性特点和内在规律性的认识，是指导教学工作有效进行的指导性原理和行为准则。教学原则在教学活动中的正确和灵活运用，对提高教学质量和教学效率发挥着一种重要的保障性作用。它既指导教师的教，也指导学生的学，应贯彻于教学过程的各个方面和始终。

1.通适性原则。中学教学的通适原则主要有：科学性和思想性统一原则、理论联系实际原则、直观性原则、启发性原则、循序渐进原则、巩固性原则、发展性原则和因材施教原则。

巴拉诺夫指出："教学论原则决定教学方法。选择教学方法和论证其效果有赖于作为这些方法基础的教学论原则。教学论原则体系，就是对学习和掌握教材的基本途径的总的说明。"教学原则在一定程度上决定了教学内容、教学方法与手段、教学组织形式的选择。教学原则确定之后，对教学活动中的内容、方法、形式的选择都有着积极而重要的作用。一般来说，教学活动越是能够符合教学原则，教学活动就越容易成功；反之，教学活动越是脱离教学原则的要求，教学活动就越是可能失败。

2.促进性原则。中学教学除应坚持通适性原则外，还必须有针对性地强化一些促进性的原则。

（1）重视学习习惯与兴趣培养的原则。良好的学习方法与习惯是达到好的学习效果而形成的一种学习上的自动倾向性。著名教育家叶圣陶先生说："什么是教育？就是要培养良好的习惯。"高中学习比的是习惯，拼的是规范。从高一新生入学起，就要以习惯养成为重心，注意优秀学习品质的培养，要迅速、顺利完成学生由初中向高中的心理及学习转型，以学习规范和要求为培养核心，以巩固基础为重点，引导学生爱学习、会学习，能学习。

（2）坚持培育学科核心素养的原则。教学目标的重新确定，把单纯的知识传授，转变为知、能、德并重，即落实“知识与技能、过程与方法、情感态度与价值观”的三维培养目标，最终达到学科核心素质的培养目标。

（3）坚持以生为本原则。教师是课堂教学中的主导者，学生才是课堂的主体，因此教师不能独霸课堂，一讲到底。要坚持“五权下放”，教师要转变教学方式，把强行灌输的课堂教学转变为启发诱导；学生学习方式要转变，要把教师单向的讲授、学生被动的听课转变为学生主动参与。

（4）坚持因材施教的原则。教学内容、练习、考题等方面要做到分层设计，使各个层次的学生都能提得上去、学得下去，让80%的学生学会80%的内容，从而巩固学生的学习兴趣。

（5）坚持低重心运行的原则。坚决杜绝把高一、高二的新授课当作高三教的现象，避免教学起点过高、教学与考试的难度过大等现象，要实施“低重心运行”策略。一是教学难度的低重心。只有适宜的教学难度才有可能激起学生的兴趣。因此，新授课教学的目标要定位为“让学生学会”，要把教学难度降下来，扎扎实实打基础，不给学生吃“夹生饭”。二是教学要求的低重心。教学效率不是决定于教师打算教给学生什么东西，而是决定于学生本身在课堂教学时间里掌握了什么。因此，要严格控制课堂容量，要适当控制教学进度，要立足课本强化基础。三是教学对象的低重心。面对生源实际，不能两眼只盯着优等生，课堂教学还要面向中下等学生，力争把所有的学生都教会。

第五章　高考第一轮复习的教学策略

人像树木一样，要使他们尽量长上去，不能勉强都长得一样高，应当是：立脚点上求平等，于出头处谋自由。

——陶行知

人类本质中最殷切的需求是渴望被肯定。

——威廉·詹姆士

学习任何知识的最佳途径是由自己去发现，因为这种发现理解最深、也最容易掌握其中的规律、性质和联系。

——波莉亚

第一节　高考复习的指导思想与总体计划

一、明确高考复习的指导思想

1. 结合考点，紧扣教材，以加强双基教学为主线，以提高学生能力为目标。

2. 加强学生对知识的理解、联系、应用，结合高考题型强化训练，提高学生的解题能力，促使学生以良好心态对待高考。

二、制定高考复习的总体计划

制定高三复习总体计划与阶段性计划及相应的复习策略，应按三个阶段（三轮）进行（时间段划分仅供参考）。

1. 第一轮（4月初至第二次质检）为夯实基础阶段。要求：落实考点，全面复习。抓纲务本，单元过关，整理题型，夯实三基，初步总结方法规律。

2. 第二轮（第二次质检后至4月底）为专题深化阶段。要求：设置专题，构建网络。强化考点，突出重点，归纳迁移，培养综合能力，穿插和渗透答题的规范性、准确性和时效性训练，重点提升学生的综合思维能力和解决实际问题能力。

3. 第三轮（5月初至高考）可分三个小阶段：（1）综合模拟阶段，15天。要求：强化训练，综合攀登。套题训练，强调自主，纵横联系，巩固应用，总结方法，内化知识，自我完善，积累考试经验，全面提高应试水平。（2）考前调适阶段，15天。要求：休整调适，自主整理。自学为主，个辅为辅，适度训练，要求学生回归课本，回归基础，收拢、巩固已有知识，同时进行心理的调试，轻装上阵，逐步达到最佳状态。（3）停课复习阶段，5天。要求：适度休息、轻松复习，不能放得太松、更不能收得太紧，要张弛有度、愉悦等待。

三、做好三类规划

1.年级规划。（1）年级在学考后，进入总复习前，制定总复习 规划，形成高三教学的指导性意见，明确不同复习阶段的时间、目标、方法和措施。（2）根据总复习规划，规划出整个高三阶段的考试安排及大型活动的安排。（3）精细规划好每天的学习时间，从晨读开始，到睡前，对所有可利用的时间进行精细规划。

2.备课组规划。（1）各备课组根据年级规划制定备课组教学规划，明确学科复习进度、目标、方法和措施。（2）制定具体到考点的总复习规划，形成双向细目表。（3）备课组分工合作，制定具体到人的集体备课规划。

3.训练规划。学生训练要成系统，环环相扣，循序渐进，主要包括：（1）学科自习课用的同步限时作业。（2）周周清、单元清用的周考滚动训练。（3）提升综合能力的月考。（4）应试训练的模拟考。上述测试要在双向细目表的指引下，在年级规划的统一部署下，备课组做出科学的训练规划，明确各类考试的目标、内容，形成完整的训练系统。

第二节　一轮复习的基本教学任务与教学原则

一、基本教学任务

1.全面、系统地复习课程标准中的所有知识点。覆盖教材中所有知识点，不仅掌握知识本身，而且掌握与该知识点有联系的相关知识点，形成横向、纵向联系。注重基础性，不拔高，不走偏，以理解、掌握为标准。

2.落实记忆任务。督促学生牢记识记内容并能背诵默写，在一轮复习时必须“一次到位”，决不可在一轮后复习时增大识记负担。所需记忆的知识，必须以能“默背”为达标。

3.初步掌握各单元知识结构。以“单元/章/块”为单位，记忆、理解各单元知识结构图（表），从整体上把握知识结构，形成知识网络，构建知识体系。单元知识能“熟练过关”，为一轮后复习打下扎实的基础。

4.着力培养初步的综合能力与学科核心素养。大部分应是低档综合题，小部分是中档综合题，一般不搞高档综合题。将各项学科能力、学科核心素养的培养落实到足量的例题及练习中。对于中、低档题，要达到熟练过关的水平，即中低档题能拿满分。

5.促进“尖子生、临界生”两类目标生的有效发展。思想上要高度重视，充分认识到目标学生培养的重要性，树立全局观念，确保真正把目标学生培养落到实处。对目标学生的成绩与能力提出明确要求，使目标学生复习有明确的奋斗目标，个别辅导，因材施教，发现目标学生在复习中存在的问题，并及时分析解决。建立目标学生成绩档案，对成绩不理想、波动大的同学，帮助其找出原因，促其稳步提高。

二、教学原则

一轮复习，应遵循以下教学原则：

1.全面性原则。追求知识的系统性、完整性，构建学科知识体系，力求做到知识无遗漏。

2.基础性原则。基本知识、基本技能、基本方法始终是高考试题考查的重点，要在切实重视基础知识的落实中重视对学生基本技能与基本方法的培养。注重基础，把握基础，注重通性通法通则。切忌“高起点、高强度、高要求”的所谓“居高临下”。

3.系统性原则。一轮复习不是把平时学习过的知识简单地重复一遍，而是要在对知识整体和各个单元知识部分之间的关系作了仔细的研究后，按逻辑结构及知识之间的内容联系，把平时所学的各个单元的、局部、分散零碎的知识及解题的思想、方法和规律进行纵横联系，“以线串珠”，使之系统化、结构化、网络化。因此，需将各部分知识进行有机的整合、构建知识的结构体系，以形成整体的认知框架，进一步完善学生的认知结构。

4. 主体性原则。教师是课堂教学的主导者，学生是课堂的主体，因此教师不能独霸课堂，一讲到底，要扎实贯彻生本教学，充分体现学生的观察权、思维权、演练权、表达权和归纳权，要坚持“五权下放”。

5. 针对性原则。复习指导思想的确定，复习计划的制定，复习方法的选择，例题、练习题的选取等都要有较强的针对性，不能带有任何的盲目性与随意性：一是针对课程标准和考试说明的要求；二是针对学生学习中的薄弱环节；三是针对重难点；四是针对高考的热点；五是针对国家考试中心的命题信息。

6. “三精”原则。根据学情选择适合学生实际的练习，杜绝一些特难题、旧题、偏题和怪题。（1）精选：例题、材料精选，要体现学科思想与方法，聚焦高考；注重知识的内在联系，突出所选的题目的层次与梯度。（2）精讲：例题精讲，要突出教师的主导性，要强化分析过程，该讲的内容必须讲深讲透。（3）精练：习题精练，要突出学生的主体性，提高训练效率，达到训练效果，形成迁移能力。

7. “三清”原则。为达到一轮复习打牢基础的教学目标，需坚持“三清”原则，即堂堂清、周周清、单元清。

8. “四研”原则。教师要做好以下四个方面的研究：（1）要研究课程标准。高考不再发布考试说明，命题的参考标准是课程标准，要仔细研读课程标准对每个知识点的定位及要求。（2）要研究高考试题。对于近三年的高考试题要重点研究，以明确其命题特点、趋势以及与老课程相比出现的新变化。（3）要研究教法，改进教法。在复习备考中，要创新课堂教学模式，努力提高课堂效率，创建高效课堂，实现有效复习和高效复习。教师要加强教学反思，避免无效教学行为。(4) 要研究学生，吃透学情。进入高三复习后，要不断地对学情做调查，了解学生存在的薄弱环节、期望目标，总结复习备考的经验教训，及时调整复习方案。

9.指导性原则。(1) 教师要根据学科特点，对学生进行学习方法和复习方法的指导。指导学生处理好基础与能力、做题与纠错、做题与复习、课内与课外等关系。(2) 强化“三基”训练，力促学生掌握基本知识，形成基本技能，具备基本综合能力。克服盲目求难、求巧，急于求成，好高骛远等浮躁现象。对于错误的习题要及时订正，并收入“错题集”，达到“会而对，对而全，全而得满分”的目标。(3) 指导学生梳理知识的内在联系，构建知识网络，提炼解题规律，杜绝以练习代替复习现象。要教育学生切实提高理科实验的动手能力，了解最新的重大科技动态，关注社会热点问题，扩大知识面，提高整体素质。(4) 指导学生养成规范书写、规范答题的习惯，充分、合理地使用好演练本。

第三节　一轮复习的教学要求

第一轮复习教学要精心设计教学过程，在帮助学生真正理解基础知识上下功夫；要理论联系实际，在运用基础知识分析实际问题上下功夫；要指导学生学会审题，在掌握解题规律和基本方法上下功夫，在培养学生养成规范答题习惯上下功夫，减少学生不应有的失分现象。

一、重心下移，落到实处

下沉就是注重“四基”(基础知识、基本技能、基本思想、基本活动经验)，要把着眼点放在能力提高和增分操作上；下移也就是要适当地向第二轮专题备考进行渗透。

由于学情因素很容易误入歧途，盲目跟进，有些学生势必会在第一轮备考中吃夹生饭，没有做到恰到好处，该拔高的没有上去，该淡化的却在强化。因此，要力求全面覆盖，又应有所侧重，不能主次不分。

二、精讲精评，抓住五点

边教边学边用。学一点、用一点，讲练结合、师生联动。认真研究“两课”（复习课和讲评课），精讲精评、突出方法，注重创新能力的培养。

1. 复习课力求做到有系统性、整合性、基础性、重点性、拓展性和启迪性。（1）系统性。滚动复习，知识前后衔接，梳理归纳成串。（2）整合性。纵横联系，知识内外交叉，多角度、多层次。（3）基础性。着眼四基，中档为主，面向多数。（4）重点性。突出主干知识，详略得当。（5）拓展性。传播方法，知道迁移，学会自学。（6）启迪性。深挖教材，发散思维，多角度考虑问题。

2. 讲评课应做到有针对性、诊断性和启发性。（1）针对性。讲其所需，释其所疑，解其所难。（2）诊断性。诊痛析因，指点迷津，传授方法，诊防结合。（3）辐射性。以点带面，画龙点睛，举一反三。（4）启发性。启发思维，点拨思路，发散开拓。

3. 抓住五点。即抓住学生的思维断点、盲点、难点、不易突破点、容易过失性失分点。

三、小题大做，对准高考

1. 搞好小专题复习。小专题复习是双基复习的升华，是提高学生综合思维能力与应试能力的关键。小专题的组构必须围绕高考的重点与难点，体现如下四个特征：抓住稳定的；注意变化的；研究发展的；悟出轮考的。

2. 教师一定要认真研究近三年的高考题，结合当年高考动态及相关信息，找准高考的常考点、必考点及学生的易错点，讲练评相结合，提高专题复习的效度。

四、注重过程，提高效度

1. 复习过程中各学科要有一定的阶段验收练习。要强调阶段性的特点，在复习中要遵循：基础—综合—应试。

2. 强调“八必”到位。评讲必互动，有发必收，有收必批，有批必评，有评必补，凡练必讲，凡练必选，凡选必精。切实提高训练质量和效度。

五、回望高考，以本为本

1. 高考命题立足教材、回归教材、源于教材、挖掘教材、高于教材、不拘于教材；高考命题遵循于课程标准、依据于课程标准、不超出课程标准。

2. 各学科要认真研究高考。处理好基础和能力的关系，讲、评、练、纠的关系，重要考点、热点与知识面的关系，课堂练习与课后作业的关系，一本资料与多本资料的关系等。

六、落实培优辅差，促进全面发展

1. 切实做好“帮扶”工作。做好“尖子生”拔优工作，对许多的“边缘生”转优，实行全员分工、全过程跟踪管理，班主任根据本班情况确定具体名单，负责学生的跟踪调查与组织评比、考核与奖惩。

2. 建立学情调查制度，关注差异性教学，做好学困生工作。

七、考练结合，有条不紊

1.坚持周考与月考制度，统筹兼顾。周考以小剂量题为主，月考以中剂量题为主。月考，做好记载，分析试卷，发现问题，查漏补缺。

2.复习完一个单元就进行一套单元检测，检查漏洞。单元题以考查本单元为主。

八、强化反思迁移，加强学法指导

1.在学习上要求学生做到“日清日结”。做好“错题集”和资料的整理以及规范书写，在第一轮的复习中特别强调“做准”。在指导学生的复习中，各科教师要细到指导学生看某份练习某道题，组织与落实好必要的“答疑”。

2.反思一题多解，领会发散思想。通过同种解法的展开、比较、反思，能促进知识迁移，并达到举一反三、触类旁通的效果。能提高学生思维的深刻性和广阔性，使各种层次的学生对该学科的思想方法有不同程度的领悟，从而提高学生的复习效率和运用知识的能力。

3.反思一题多变，培养学生探究能力。“一题多变”是从多角度、多方位对例题进行变化，引出一系列与本例题相关的题目，形成多变导向，使知识进一步精化的教学方法，一题多变的提问主要在习题课中进行。

4.反思多题归一，感悟学科模型建立的重要性。体会殊途同归，用好模型解题。

九、滚动复习，不厌其烦

1.重滚动复习，落实单科综合检测。在滚动中巩固提高，在综合中融会贯通。

2.热点知识、主干知识，反复训练、滚动训练、针对性训练。

十、防微杜渐，谨防误区

在一轮复习教学中，要注意防止八大误区并及时纠正。

1.定位不准，急功近利。对策：师生都要准确定位，不要过高或过低估价自己。

2.面面俱到，轻重点主干。对策：学科内容多，考试范围广，“求全”“求保险”的复习思路，似乎面面俱到，但实际上只能是浅尝辄止，最后什么都不能落实。不如化繁为简，突出重点、难点，要注重主干，就某些核心问题举一反三、不断训练，取得事半功倍的成效。

3.重强化训练，忽视思考。对策：训练应有针对性，要教会学生勤于思考。

4.重热点现象，轻背景与边缘问题。对策：热点要重视且把握住，冷点应适当涉及。

5.盲目乐观，认为自己的学生知识基础已经没有问题。对策：要胜不骄、败不馁。

6.急躁冒进，想在短时内迅速地将学生能力提高到想象的高度，用难度、综合度很高的题目狂轰滥炸。对策：例练考题难易要适度，题量要适当、切合学生实际。

7.矫正不力。对策：抓基础的过程就是反复矫正的过程，矫正的过程就是帮助学生完善知识基础的过程。矫正的越快，学生提高的越快；矫正的越多，学生知识基础的缺漏就越少，矫正教学在第一轮尤其重要。

8.考查不当。对策：阶段性考查是非常必要，但要以此为基础教学为导向。第一轮复习时考查的重点是基础，但“基础＋能力”依然不能忽视。

第六章　一轮后复习的教学策略

要想学生好学，必须先生好学。惟有学而不厌的先生才能教出学而不厌的学生。

——陶行知

最有价值的知识是关于方法的知识。

——达尔文

不管努力的目标是什么，不管他干什么，他单枪匹马总是没有力量的。合群永远是一切善良思想的人的最高需要。

——歌德

第一节　一轮后复习的教学任务

一轮后复习的主要教学任务和目标是：巩固一轮复习成果；完善学生知识体系；综合——方法、规律、解题能力；提高——通过做题，提高能力。第一轮复习与一轮后复习的教学任务重点，见表7-1。

表7-1　第一轮复习与一轮后复习的教学任务重点

项 目	第一轮复习	一轮后复习
复习思路	按章节系统复习	按专题重点复习
知识目标	以教材基础知识为主,形成知识结构	注意提炼主干知识和关注知识结构质量,查缺补漏
技能训练	单项技能和基础技能为主	多项技能综合运用
能力培养	单项能力和基础能力为主	综合能力为主
训练安排	落实基础知识为主,采用部分高考原题巩固知识	知识迁移训练,提供部分新题检测能力,提升解题能力

一、回归课本，梳理知识

1. 回归课本，不是把课本再看一遍，而是对课本中概念、原理、规律、专业术语、数字、符号、过程或步骤进一步巩固和内化。以构建知识框架为要务，以梳理知识间联系为根本，理思路，强基础，促能力。

2. 浏览课堂笔记，归纳总结知识点，使知识条理化、系统化、网络化。

3. 注意对理科实验的复习，不能只关注实验题目的练习，要注意常用仪器的使用，回顾实验原理、实验设计、实验的数据处理与分析。

4. 梳理知识与强化练考相结合，限时练考，提高解题的时效性。及时分析总结，巩固复习练考的成果。

二、透析高考，把握方向

对全国卷高考试题进行分析研究，把握命题方向与脉搏，必须落实好三件事：一是做高考题找感觉，感受高考试题的深度和广度，有助于考生在二轮复习中把握好“度”，特别是防止片面追求偏、难、怪的做法；二是比较近年全国卷及各地卷，从中找差别、找共性、找联系，使复习的目标更明确，复习的思想更开阔；三是找规律，通过对近几年高考试题的重点研究，找趋势、找方向、找规律，据此可排查出高考的重点、难点、热点，从而提高复习的针对性。另外，在这个过程中还要穿插如何做选择题、填空题、解答题，进行专项训练，学会“秒杀”客观题，规范解答主观题。

三、查漏补缺，巩固提高

1.分析高错误问题。分数的增长点就在错题上，对那些易错易混的知识点，一定要反复推敲，强化演练，摸清摸透知识之间的联系及异同，避免不必要的失分。

2.进行专题和题型训练。时间计划一月左右，把侧重点放在解题思想与方法的训练及思维能力的培养上。

四、规范答题，保质保量

很多考生看题都会，但是分数就是拿不全，这其中很大的原因是知识点掌握了，但表达得不准确、不到位，不会用科学的语言描述问题。一是要养成书写工整规范的好习惯，二是答题时表达要准确规范，使用规范的学科术语答题，三是回答问题要言简意赅准确无误。

五、反思考练，稳扎稳打

有计划地进行大量考练，并指导学生认真分析每一次训练和考试，一是分析失分中有多少分是能得而未得，丢分的原因是什么；二是指导学生纠正不良审题、解题的习惯，尽量减少无谓的丢分。

六、调适心态，积极应考

高考一轮后复习的内容难度加大了，成绩不稳定会使学生很容易产生情绪上的波动，动摇自信心，这就需要指导学生注意调控情绪。一是考试前，可以做一些心理暗示，如专心做题，不要想别的，更不要想考多少分；二是遇到难题，深吸一口气，宁愿耽误几分钟，也要让自己先静下心来，再开始重新做题；三是题目简单不要窃喜，不要犯低级错误，争取该拿的分都拿到手，题目难，对所有人都难，不要慌。

第二节　一轮后复习的教学原则

一、专题化原则

专题复习是就某块知识或某些方法、热点问题进行专项复习，起着承上启下的作用，具有举足轻重的地位，它既是对单元教学成果的巩固，又是对学科内知识的综合深化，是使知识系统化形成能力的关键环节。

专题教学应体现“整体—局部—整体”的特点，应从宏观上理清每一个专题的特点特征和在教材中的地位作用，打破教材章节的编排顺序，交叉渗透，使学生看到的不仅仅是一棵孤立的树木而是一片森林，学生学到的就不单单是孤立的知识，而是结构化了的知识体系。

二、归类原则

一轮后复习的教学任务之一，就是运用归类法帮助学生把散见于教材各章节中同类型、同性质、同特征、相关联的内容予以纵横联系，形成前后贯通、左右并串、条块分明、专一集中、全面系统的专题知识网络。

三、突出重点原则

一轮后复习教学不同于单元教学，不必事无巨细，面面俱到。切忌平均用力，不分主次。而应根据课程标准的说明和历年高考试题的走向，确定每个专题的讲解重点，进行突出重点的教学。在专题复习中，有不少教师特别重视“量”，生怕说漏了什么，而对“质”的研究重视不够，哪些该讲，哪些该多讲，讲到什么程度心中无数。

四、讲清规律原则

一轮后复习教学不同于平时教学之处就在于复习是知识与能力系统化、规律化的过程，而不是停滞在简单的知识重现和反复上。规律教学应是专题复习的主旋律，失去规律的教学就失去专题教学的灵魂。

五、矫正补偿原则

对复习和训练中学生的普遍性错误以及高考中尤其要注意的个别性错误，在教学中应做补偿性讲解和训练。从面上看，在第一轮复习中暴露出来的问题主要集中在知识、方法和能力三个方面。（1）对于知识方面的欠缺，教师应指导学生全面、扎实、逐章逐节地回扣课本。通过温故知新把尚未掌握和未完全掌握的知识掌握起来。把掌握的若明若暗的知识弄清楚、搞明白，把未理清的若断若续的线索理清楚，把前后贯联的若即若离的知识形成面上的整体知识。（2）方法方面，在第二轮复习中要着重解决的是处理问题的方法和答题方法。（3）能力方面，在第二轮复习中要着重解决的是分析、概括、综合和表达能力。

六、以生为本原则

课堂中如果讲得多、讲得快，学生被动听、机械记，久而久之，学生思维僵化、应变能力差；有的对答案式的讲评多。这些其实是老师的惰性行为。一轮后复习应强化师生的双边活动，双边活动的真谛是让学生参与解题活动，参与教学过程，启迪思维，点拨要害。

七、及时反馈原则

提高课堂复习效益，加强信息反馈是必不可少的。信息反馈渠道主要是通过练习或检测收集信息。每堂课都穿插定时定量训练，内容以检测已复习过的知识为重点，兼顾后面复习内容。

第三节　一轮后复习的教学要求

一、考试工作

主要是抓好两种考试：一是学科考试，最迟双周考一次，可安排在连堂课时间完成；二是综合科考试，可进行周考，最迟也得双周考一次。要训练学生的答题规范和答题技巧。

二、教学环节

要着重抓好三个环节的教学工作：一是材料整合，材料整合应以中档题为主；二是批改，批改是教学的重点环节，学校要重点抓一轮后的批改；三是抓实对目标生的培养。

三、教学管理

要强化三个方面的教学管理：一是增强计划性，周计划要上墙，计划要具体到天；二是强化对课堂管理的评估；三是高三工作领导小组、年级管理员一定要深入课堂，做好教学监控。

四、教学工作

1.总体要求：抓住专题，突出主干，提高学生分析问题、解答问题的能力。

2.课堂教学做到：（1）“三不讲”，学生会的或经过自主学习和思考探究能弄懂的不讲；与高考无关的内容不讲；讲不透或讲了也不会的不讲。（2）“三必讲”，疑难问题必讲，方法思路必讲，思维过程必讲。（3）“三到位”，变换到位，纠错到位，时间到位。

3.调整好“三种关系”。（1）“减法与加法”的关系。“减法”——采取措施，把讲课时间减下来，克服课堂话语霸权现象；精选整合，提高练习质量，把题量减下来。“加法”——加心理辅导课，加体育锻炼时间，加高考题研究时间，加选题时间。（2）“放手与抓手”的关系。放手优等生，做到放手不松手，重在指导，发展优势；抓住临界生和学困生，抓信心度，抓弱环节，抓发展度；放开高难度题，抓住中档题和得分题。放开课堂的程序化，抓住课堂的实效性。（3）“当真与当假”的关系。原来成绩不当真，同学之间比较不较真；模拟训练当高考，高考当练习。

4.常规要求：（1）复习研究贯穿始终。复习研究以往的试卷就是研究过去，研究每次考试就是研究未来。（2）复习策略贯穿始终。基础不牢地动山摇，要注重基础知识的巩固与提高，训练与知识点挂钩，薄弱环节与重点、难点挂钩，新发展趋势与旧知识点挂钩。（3）教师示范贯穿始终。“答案、语言”谁准确谁得高分。（4）学困生帮扶贯穿始终。给信心，指错误，辅导个别，帮助学生。（5）科学抓，抓科学；提前抓，抓提前；反复抓，抓反复；细致抓，抓细致。

第四节　一轮后复习训练建议

一、训练的有效性

试题有效性的衡量标准是是否有利于夯实基础，主要分三类“有效题”：一是基础题，通过基础的渗透，获得能力提升。相应的无效题是“难题”，它解决不了能力提升的问题。二是常规题，达到熟练化的目标，以期熟能生巧，掌握解题技巧。相应的无效题是“怪题”，它解决不了解题技巧的熟练化问题。三是经典题，引领构建知识网络。相应的无效题是“偏题”，它不利于知识网络的构建。

二、科学选题，精准训练

教育部发布的《中国高考评价体系》提出“价值引领、素养导向、能力为重、知识为基”的高考评价新理念，并构建了“一核、四层、四翼”的评价体系，也是高考命题的基本原则和依据。其中，“一核”为考查目的，即“立德树人、服务选才、引导教学”，是对素质教育中高考核心功能的概括，回答“为什么考”的问题；“四层”为考查内容，即“核心价值、学科素养、关键能力、必备知识”，是素质教育目标在高考内容中的提炼，回答“考什么”的问题；“四翼”为考查要求，即“基础性、综合性、应用性、创新性”，是素质教育的评价维度在高考中的体现，回答“怎么考”的问题。这三个部分既突出重点，又有内在联系，形成了统一的有机体。

表 7-2　“一核、四层、四翼”评价内容

一核(四面)(为什么考)	四层(考什么)	四翼(怎么考)
突出中华优秀传统文化	必备知识	基础性
有创新精神、实践能力	关键能力	综合性
强化社会责任感	学科素养	应用性
体现核心价值	核心价值	创新性

三、落实考点过关

将高考考点细化后列成表格，每次考试后，把考试所涉及的考点标注上去，供老师和学生看，学生看高频考点，老师看遗漏点，通过研究考点的分布，更好地把控考点能力。

教师要有计划地安排好四种基本类型的训练：一是划线训练，着重解决对而不全的问题，主要是针对简答题。设计时，有多长的答题内容就要设置多长的答题空间，提示学生尽可能把空间答满。二是真题训练，重点解决规范答题的问题，让学生感受高考试题的特点，了解高考试题答题的要求。三是选择题训练，进一步夯实基础。得选择题得天下，确保理科类选择题得分率达到85%以上、文科类选择题得分率达到75%以上。四是模拟训练，提升应对高考的能力，确保知识点过关。

四、训练过程做到两“避免”、两“熟练”

1. 两“避免”：（1）避免重综合，轻基础。要注重基础、重过程、重规范。（2）避免重思路，轻过程。一轮后的复习中涉及的例题不一定要难，但要细化，只讲思路肯定不行，因为会想不一定会做，会做不一定会写，考试时书写到位，才能说明训练到位。

2. 两“熟练”：（1）熟练基础知识。通过训练完成对基础知识的再巩固。（2）熟练原训练题。熟练以前做过的综合训练题（包括高考试题、联考试题、模考试题等），高考前，各科至少掌握15套以上综合训练题，记住题目的素材、解题思路、答题过程。

五、加强研究，寻求突破

1. 研究学生每次考试中暴露出来的问题。基础问题、审题问题、表达问题会而不对或对而不全等。

2. 研究学生历次考试中出错频率高的知识点、题型等，了解现状，分析原因，形成对策。

3. 研究高考命题方向特点和答题要求等。

4. 研究学生答题习惯，加强答题指导的针对性。对学生的答题习惯进行问卷调查。

第七章　集体备课

要学生做的事，教职员躬亲共做；要学生学的知识，教职员躬亲共学；要学生守的规则，教职员躬亲共守。

——陶行知

如果你有一种思想，我有一种思想，彼此交换，我们每个人就有了两种思想。

——萧伯纳

一个人像一块砖砌在大礼堂的墙里，是谁也动不得的；但是丢在路上，挡人走路是要被人一脚踢开的。

——艾思奇

第一节　集体备课

集体备课是以备课组为单位，组织教师开展集体研读大纲和教材、分析学情、制定学科教学计划、分解备课任务、审定教学设计、反馈教学实践信息等系列活动。

一、集体备课的运作方式

1. 组织管理。集体备课由教研室实施管理。一般由备课组长具体主持并负责具体实施，教研组长指导并参加各小组的备课活动。

2. 活动过程。（1）活动准备——“四研”“三定”。组长提前通知全组成员在集体活动前认真研读教材、大纲、学情、教法，通知中明确集体活动的“三定”：定时间、定课题、定主备人。（2）集中研讨——“四备”。集中研讨即组长在集体备课时间里召集本组教师提出备课要求，听取中心发言人的发言，讨论备课提纲。讨论中心发言人提出备课提纲时，应包括备目标、备重难点、备内容、备教法。讨论时要充分发扬学术民主，允许不同意见的争鸣。（3）修改提纲——“五统一”。根据集体讨论的内容，中心发言人修改备课提纲，要充分体现“五统一”：统一教学思想，统一“四基”“双力”（智力、能力）和“双育”（德、才）的内容与要求，统一课时安排，统一练习，统一考核要求。同时，提出改进教学方法的建议。（4）撰写教案。各任课教师根据集体备课的备课提纲和各班学情，撰写教案。此时，在不离开“五统一”的前提下，发挥各人特长。（5）信息反馈。下一次集中时，把根据备课提纲实施时反映出来的重点问题提出来，供以后借鉴。

3. 时间安排。学校根据各学科的特点，每学期规定几次，视各科情况而定。将每周集体备课的时间排进课表，这样就更加制度化、规范化。

二、集体备课的原则

1. 统一性原则。集体备课的实质是同步教学，具体实施中教学目标、教学进度、作业训练、资料使用、检测评估等必须统一。特别是教学进度和目标检测，一旦失去了统一，就不能在集体讨论中获得正确的信息，进而及时矫正教学实践。

2. 超前性原则。分配撰写备课提纲的任务和提供备课提纲要有一定的超前性，任课教师的提纲准备任务在制定学期教学计划时一并分配，便于教师早做准备，收集资料，钻研大纲和教材。备课提纲的讨论一般要超前一周。

3. 完整性原则。划定备课任务应考虑到教材内容的内在联系，保持其内容的完整性。一般依据教材的单元或章节来划分比较合适，切忌人为的将教材割裂开来。

4. 传承性原则。集体备课成果要有传承意识和传承价值，以不断丰富各教学内容的教学策略，形成完备的教学智慧库，这有利于形成全校性的教学成果，也能减轻后续备课的工作强度。

三、集体备课应处理好三个关系

1. 个人钻研与集体讨论的关系。集体备课，不仅仅是集中讨论，一般采取集中讨论与个人钻研相结合的形式。如果仅仅依靠听中心发言人的说课，讨论是不能成功的。要发动全组成员认真钻研大纲和教材，讨论的时候才可能各抒己见，百花齐放。个人钻研是前提，是“功夫在诗外”。集中讨论时，组长要善于引导，把大家的积极性都调动起来，还要善于总结，概括大家的长处，指导中心发言人整理备课提纲。

2. 备课与讲课的关系。备课是讲课的基础，讲课以备课提纲为指导。集体备课之后，由一人或几人进行试教，每次教后及时组织评课。执教者发挥自己的特长，上出自己的风格。备的内容统一，教的方法可以各有不同，风格可以百花齐放。概括地说，备课要统一，上课在不离开备课提纲的情况下，可以百花齐放。

3.骨干领路与培养新教师的关系。集体备课的中心发言人一般挑选本组骨干。备课是贯穿于每学期的全过程，从培养新教师的角度出发，也应给新教师压压担子，让新教师来当“中心发言人”，同时采取“青蓝结对”的方法，然后逐步放手，这样可以一举数得。

第二节 集体备课规范

一、集体备课的主要研讨内容

1.研课标与学情。根据学习课程标准和学科核心素养，进行教学目标的定位；根据学生的实际水平，进行重难点及教学方法的定位。

2.研教学设计。根据教学目标、重难点进行教学设计，合理进行任务划分，合理创设问题情境，明确哪些内容需老师精讲、示范，哪些内容可以交给学生自主学习或小组讨论，哪些内容让学生进行展示，等等。

3.研演练获得例题与拓展提升练习题。落实好“演练获得”“归纳总结”与“巩固提升”三个环节。以任务为单位，每个任务的突破以题组的形式进行设计，“例题+规律方法+巩固”为一任务单位，以能帮助学生理解知识与方法和促进学生技能的形成为根本目标。题组的设计要坚持“举一反三”的办法，且关键在“反”，配套巩固题是帮助学生深入理解，强化技能的重要途径。力求做到一组一类型，一课一收获，在有限的时间内最大可能地提高质量。归纳总结要重点研究，对知识与方法结合例题进行深入剖析，对学生可能出现的问题进行充分预判，要有利于帮助学生深度理解。

4.研课后作业。能力是练出来的，不是讲出来的，因此要重视巩固性习题的作用，要在规范作业行为和反思纠错上下功夫。

5.研考情与学情。根据考试说明与高考双向细目表，进行教学目标的定位；根据学生的实际水平，进行重难点及教学方法的定位。

6.研基础知识。落实好“情境问题”与“知识呈现”两环节：一要全面归纳相关的知识要点与内容；二要合理设计呈现的形式，落实知识问题化理念。

二、集体备课的主要问题和基本流程

1.集体备课需要研讨的主要问题：（1）讨论课时安排。（2）讨论每个教案的整体设计是否合理并提出建议。（3）讨论教案中教学设计、重难点的突破方法并提出建议。（4）讨论任务划分、问题设置是否合理有效，情境材料创设是否有意义。（5）讨论演练获得例题是否有生成性，拓展提升练习是否有针对性等。（6）讨论如何针对性、深层次地归纳总结。

2.集体备课的基本流程：（1）初备。备课小组成员提前围绕教学目标和重难点进行初步研讨。主备教师在各初备教案的基础上形成集体教案初稿。在集体备课前一天将初案印发给同组成员。（2）主备人说课。按“四研”要求说课，主要说教学设计思路、限时作业与周测试题的命题思路。（3）共同研讨。（4）主备人修改形成定案，并形成学案，制作课件。（5）授课后再修改上传存档。

第八章　教学常规规范

不登高山，不知天之高也；不临深溪，不知地之厚也。

——荀子

培育能力的事必须继续不断地去做，又必须随时改善学习方法，提高学习效率，才会成功。

——叶圣陶

世界上只有两种物质：高效率和低效率；世界上只有两种人：高效率的人和低效率的人。

——萧伯纳

第一节　教案、学案的编写规范

一、集体教案

1. 为便于交流、共享与传承，集体教案的编写必须遵循规定的流程和格式，具体可参照本书的参考范例。切勿各行其是，出现五花八门的现象。

2. 集体教案上须有编号，以供个性教案，尤其是手写教案的对应匹配。

二、个性教案

1. 个性教案是对集体教案的适应性调整，只能对部分素材进行针对性改编，对难点的突破办法进行针对性调整，不能对集体教案作结构性的改变。

2. 个性教案可以采用以下形式：一是在打印好的集体教案上旁注；二是根据集体教案调整为个性电子教案后打印；三是根据集体教案调整后，手写在备课本中。

三、学案

1. 学案源于集体教案，是对教案流程化的改编。不同层次的班级应当形成不同层次的学案。

2. 凡对教材做了调整的课时、素材比较多的课时、流程比较多的课时应当编印学案。

3. 为确保充分发挥学案的功效，以及提高课堂效率，学案的编写应注意：（1）学案的主要内容是素材、问题、题目，版面尽量简洁。而需要呈现的知识、归纳总结的内容、探究的规律等要求学生生成的内容不能直接写在学案上，否则将影响“五权下放”的操作。（2）课堂教学内容一般不准学生提前学习。因此，学案一般不提前发，课前几分钟发即可。若是导学案，则可将预习案提前一天发。（3）需要学生课前完成的内容，须注明为预习部分，若编印在上一课时的末尾，作为下一课时的课前预习任务，则更好。

四、使用要求

1.所有课时都要有教案，并且要做到内容适量，一课一案，不分多课时使用。

2.做到规范整理。（1）备课组长把集体教案打印后按顺序依次粘贴成本，常规检查时一并上交。（2）教师个人的打印教案也要按顺序装订成册。（3）个性教案打印稿或手写教案上应注明对应集体教案的编号。

第二节　课堂教学规范

一、课堂教学的具体要求

1.课前准备要充分，需要下发资料的须课前完成；需使用媒体的须课前开好机、调试好设备等。

2.课堂教学执行“四五五”任务驱动的生本教学模式，认真落实“五环节、四阶段”要求，确保课堂效果，课堂的评价标准（优秀、合格、不合格）也以此为依据。

二、增强课堂教学的有效性

1.课堂教学师生互动过程要注重学生参与的针对性。（1）尽量避免“一问群答”“随机点名”“随意点名”“举手点名”等无针对性现象。点名的针对性主要来源有平时掌握的学情、课堂上巡堂发现的典型、课堂上表现不太积极的学生等。（2）有效地关注目标生（优生、临界生），多给他们参与的机会，这也是检验课堂教学是否有效的重要参考依据。（3）对学生回答的纠正、补充，尽量应交给其他学生。（4）对学生普遍存在的难点问题，教师要从知识、思路、方法、规律等方面讲解透彻，并给予充分的练习巩固机会。（5）重点、难点的突破要在演练获得，拓展提升环节充分发挥举一反三的作用，舍得花时间，避免蜻蜓点水，不能只给学生留个印象，要实现真正意义上的突破。

2.充分关注学生学习习惯与学习方法的培养。（1）要有意落实课前准备。（2）要指导学生记课堂笔记，并给学生做笔记的时间。（3）鼓励学生上台板书，积极发言、尝试、展示。

第三节　早读课规范

早读是学生日常作息中的黄金时间，如果能充分利用好这段时间，让学生大声朗读或背诵，能在短时间内积累知识，达到事半功倍的效果。为了避免无计划的随意性和盲目性，更有效地加强早读的规范性，提高早读效率，培养学生养好的读书习惯，特制定本规范。

抓实早读的工作思路：有明确的任务和目标要求，要落实任务的完成情况与目标的达成情况，要跟踪督促未达标学生限时达标。因此，早读一般有五个程序：一是明确任务与目标，二是诵读，三是背诵，四是检测与落实，五是督促与跟踪。

一、早读课的任务

早读课最主要的任务是朗读与背诵，那么读什么，背什么，完成多少任务，任务要适中，要让多数学生有信心完成任务。

1. 诵读课文。（1）课标要求背诵的篇、段。（2）备课组指定的重要篇、段。（3）英语每个单元的四会词（即课标要求学生能够会听、会说、会读、会写的词汇），重点短语与句型及重点段落，还可训练一些口语和高考要求的交际用语。

2. 诵读美文佳作。诵读一些美文和作文素材，或是安排学生诵读自己平时在积累本摘抄的美文佳句哲理句，让他们多渠道地积累作文写作素材。

3. 识记基础知识。新课标要求掌握的文言实词、虚词的意义用法，文学常识，易错易混字音、字形、成语。英语语法、短语等。

以上内容一般是按周教学内容同步安排，制定周教学计划时，把早读要读的内容和要达到的目标全都明确写进计划中。考虑循序渐进的学习效果，可以以周为单位，每一周为一轮，每一轮除同步安排好新内容外，还可将以前的内容有计划地重复。

二、早读课的要求

1. 纪律要求。（1）教师要提前到位，明确早读任务和要求，并始终要在场指导与督促。（2）所有学生按时进班，早读期间不得随意出入教室，值日学生应在早读前完成卫生区打扫。（3）自觉遵守课堂纪律，做好课前准备工作。

2. 实施要求。（1）早读课齐读或诵读，要确保全员参与，读书声应轻快，有节奏感，富有感情。（2）端正姿势，杜绝慵懒现象，在朗读与背诵阶段，建议要求学生站立。（3）备课组要根据教学要求统一制定早读计划，把早读计划列入教学计划之中，经备课组长审核实施并由年级部督促落实。科任教师要明确每次早读的任务与目标（“五明确”：明确时间、内容、学习方法、达到的标准、检测的方法及要求），并做到前一天布置给学生，第二天早上再次出示在黑板上。任务分解要常量均匀，难易搭配，尽量做到分层布置。（4）早读课不得挪作他用，也不得长期利用早读课进行单纯的听默写，使早读课成为无声早读。提倡在早读时加强对个别学生在“读”的问题上的个别辅导。

三、早读课的检测

1. 早读课的检测形式分为听写、默写、背诵、朗读、填空等。听写、默写要有专门统一的作业本（不能用小纸片），背诵要有专门记载本。做到当天任务当天过关，并要遵循遗忘规律，科学安排重点内容的反复背诵记忆。

2. 早读课的检测落实。以小组为单位，发挥学习小组的落实功能，实行小组捆绑式评价。学习委员评价小组组长，小组组长评价组员，教师可随机抽查若干名学生。总之，要求小组内全体成员全部过关，对不能顺利跟进的学生，教师必须进行“补过关”，做到日日清。

四、早读课的管理

1. 值日安排。（1）各年级安排值日老师认真检查各班早读情况，并记录实际情况。（2）学校教务处安排人员不定期抽查。

2. 早读评价。早读的实行情况纳入班级量化考核中，主要围绕以下几个方面评价：（1）准备。是否明确了早读任务，是否有迟到的，领读员是否按要求领读等。（2）纪律。要求学生态度端正认真，看有无吃东西、交头接耳、随意走动等情况。（3）表现。看整体精神面貌；齐读时，声音是否整齐，有无声音参差不齐、有气无力、故意拉长声音等情况。（4）落实。是否如期上交当天背诵完成情况一览表。

第四节　高效训练系统的构建规范

学生有效学习主要有两大环节：一是提高课堂教学效益，二是提高课外练习的效能。两者是相辅相成的关系，课堂上学习没学好，必须影响课外练习的目标达成情况，若学生在课外练习中得不到运用水平的提高，必将影响后续内容的学习。因此，课外训练是否有效，是决定教学质量的一个重要因素。

一、高效训练系统中的练习分类

高效的训练不是传统的题海战术，而是一个从点到面、往复循环、循序渐进的“精练”系统，由以天为单位的课后作业、以周（半月或单元）为单位的阶段性测试、以月为单位的综合性测试等构成。

1.同步课后作业。针对当天教学内容而设置的课外作业，有利于帮助学生理解当天所学内容，提升所学知识的运用能力。通过同步课后作业达到“天天清”的目的。

2.周考（或半月考）、单元测试。这是以周（半月）为单位的阶段性考试，或一个单元教学完成后的阶段性考试。这种阶段性考试对帮助学生巩固基础要点，强化基本技能，培养纠错意识，构建纠错文化很有意义。这是实现“周周清”“单元清”的重要措施。

3.月考。月考有利于让学生熟悉高考的流程和题型，培养学生的应试技能；有利于衡量学生高考目标的达成情况，进而帮助学生发现问题，给学生反思的机会，改进学习方法和复习策略，为下一阶段的复习积累经验。

以上三者间紧密关联，要重视这种前后衔接的关系，要给学生发现问题、暴露问题的机会，要以月为单位，通过三者间的融合渗透，帮助学生有效地解决问题。这也是以这三类练习为主体框架的训练系统是否有效的重要指标。

二、高效训练系统构建的基础工作

传统应试教育学习方法的主要特征是题海战、疲劳战，这通常是目标性不强、针对性不强的低效刷题。提高训练效能的前提是提高练习的精准性，即教师先要通过大量的做题，掌握学科命题趋势，通过典型题目、高频题目和易错题目的归纳总结，为学生提供精准的练习题。这不仅能提高学生的应试技巧，而且能节约大量的时间，让学生充分发挥自己的学习主动性。

为增强试题整理的系统性、完备性，需要各科进行题型分类，分类的依据可以是知识点为线索、解题方法为线索、基本题型为线索等。这种分类既是精准题目归类的目录，也是学生的过关点。我们可以把这种措施称为“精题战术”。

三、构建高效训练系统的基本思路

传统做法中，考试仅仅是检验学生对前段教学知识的掌握情况，每次考试考完了就考完了，没有对学生存在的问题进行有效跟踪解决。要改变这种低效的状况，必须构建高效的训练系统。

高效训练系统是以课时作业、周考（单元考）、月考为主体框架，其运行基本思路是：“教→练→考→纠”，即完成了知识点教学后，针对知识点布置课时作业，并在每个阶段（周、单元）结束后安排考试，对错误率超过一定比例的题目在下次考试中继续安排，直到错误率降到一定程度为止。即教学后，通过考试发现问题，并帮助学生彻底解决问题。

课时作业的要求按“作业与自习课的使用规范”执行。周考、月考的命题与讲评要求按“试卷讲评课规范”执行。

四、落实高效训练系统的办法

在教学常规检查中，要明确各种练习、考试的检查要求。

1.月考。（1）月考的试卷要以高考的试卷结构足时足量命题，同步教学以到当前为止所学习内容的综合为主；高考总复习应以高考考查范围为主。（2）月考后，改变传统讲评完试卷为止的做法，要以月考中学生出现的普遍问题为契机，帮助学生解决疑点、难点问题。因此，要有学生高频错题清单，这是根据高频错题分解出的知识点、方法点、能力点清单，并有计划地分配到阶段性练习中。

2.周考。（1）可以是依据高考要求足时足量考试，也可以是40分钟的短卷测试。（2）试题主要由两部分构成：一是上次月考中、近期课时作业、周考中的高错误率试题（同类题或变式题）与学生错题本中的高频题；二是本周所学内容的典型题、高频题。（3）周考中出现的问题，要求学生自主或学习小组利用课余时间或公共自习课时间，结合错题本中的同类错题归类突破。

3.课时作业。（1）课时作业要追求“限时性”“精准性”与“针对性”，试题的选择尽量与当天所学任务匹配，要能对演练获得与拓展提升的题目形成深化或补充作用。不追求面面俱到，否则就会失去重点与针对性。（2）视题量情况，若条件允许，还可选排少量月考、周考中的高错题。（3）学习自习课考试化，利用学习自习课限时完成，时间一到，哪怕学生没完成也要上交。

4.资料清单与整理要求。给学生的各种训练资料应按时间先后顺序有序整理，形成体系，便于观察分析训练的系统性与问题跟踪落实情况。资料的整理使用活页文件夹。

（1）需做好的资料主要有：①过关点目录：各单元的知识、解题方法、基本题型等清单，要做到全面、系统，并分解到各月的教学目标。②月考试卷及问题清单：各次月考、质检等综合性考试的试卷及问题清单。

③课后作业及批改记录。④周考试卷及问题清单。⑤月训练总结：对照月过关点及问题清单，针对不同目标层次学生（培优目标生、本科目标生、临界生等）的过关情况作具体到学生的表格式分析。

表9-1 问题清单样表

____________________考试问题清单

题号	题型	错误学生及错误率	错因分析	需强化的知识、方法或能力点	再测时间

（2）备课组的训练资料整理目录。首先为过关点目录，以后以月为单位，依次按以下顺序整理：月过关点目录→上月月考试卷及问题清单（含纠错计划安排）→各周资料【各天的课后作业→周考试卷及问题清单（含纠错计划安排）】→月训练总结。

（3）教师的训练资料整理目录。首先为过关点目录→月考成绩册→周考成绩册，以后以月为单位，依次按以下顺序整理：月过关点目录→上月月考试卷及问题清单→各周资料【各天的课后作业及批改记录→周考试卷及问题清单】→月训练总结。

5.教学常规中训练资料的检查办法，一看资料的有序性和完整性，二看问题是否有计划进行再测纠错，三看是否达到“有发必收，有收必批，有批必评，有评必补”的要求。

第五节 自习课与作业的使用规范

一、自习课的类型

实行双轨制自习，即自习分为“学科自习课”和“公共自习课”。

1.学科自习课就是在某节自习课内只许做规定科目、规定范围的学习任务。要做到以下几点要求：（1）学科自习课归该学科所有，学科教师要到位，但不准讲课或变相讲课。（2）难点学科必须安排学科自习课，且可稍偏多点。（3）要把学科自习课编排进课程表中，并将学科自习课纳入日常检查内容。（4）坚持学科自习课考试化的做法，学科自习课上课时发作业题，下课时立即收作业，并当天批改完成。

2.公共自习课是把自习时间还给学生，增加学生自主学习的时间，教师不准以讲课、发习题、放投影等形式变相占用这段时间，让学生真正自主学习。

二、作业的功能

1.巩固和延伸功能。教学内容完成后，一般要配以一定数量的练习来消化和巩固所学知识，这是对课堂所学典型问题的延伸、拓宽和深化，从而使学生比较全面、系统地掌握知识。

2.培养与发展功能。作业过程中不仅能培养学生非智力因素，也能发展学生的智力因素。作业过程是学生独立的自我劳动的过程，在很大程度上，学生的思维能力、观察能力、计算能力、表达能力、操作能力等智力因素的发展都是在作业过程中实现的。

3.反馈与交流功能。教师的教学效果如何，学生究竟掌握到什么程度，这些除课堂中通过提问得到及时反馈外，更多的是通过课内外作业的完成情况来反馈的。教师根据反馈的信息，进行查漏补缺，调整教学内容，改进教学方法，以便更有效地提高教学质量。

根据作业的不同功能，作业可分为课堂作业、课时作业和选做作业。课堂作业即课堂教学同步作业，授课完成后，为帮助学生理解和巩固所学知识而设置，要求学生在课内完成的练习。课时教学中，是否安排课堂作业，视课堂容量而定。课时作业是每个课时的限时作业，针对当天教学内容而设置，作业题的选取应紧扣本课的“双基”，要有利于帮助学生突破考点、突破题型、突破技能，针对课时教学内容，以“举一反三”的理念为指导。课时作业是所有学生必做的练习，而且必须在规定时间内完成。选做作业为满足学有余力的学生而设置，题目的难度、综合性可偏大点，形式可新颖些，由学生自主决定是否做，不准强制学生做，不准收交，不准采取强制措施变相检查验收，必须完全体现学生的自主性，但必须附上详细的解答。

三、布置课后作业的注意事项

1.课后作业的编排。(1) 课后限时作业一定要紧扣本节课的教学内容，或针对一类或几类问题。试题的内容一定要围绕学习内容进行选择，由基础知识的考查到技能的提高安排，层层递进，能够多角度地考查学生掌握知识和运用知识的能力。(2) 课后限时作业难易程度要控制好，注重基础知识的检测，重点知识要重点检测。主要布置两类试题：一是有利于发展学生思维的、发现规律方法的；二是有利于拓宽视野、提升能力、引导探究的。杜绝两类不适宜的试题：一是重复性、超负荷的；二是超纲题、偏题、怪题。为满足不同层次学生的实际需求，作业要分层处理，训练难度系数区分明显。(3) 课后作业的题目设置可由两部分组成：一是前面作业出现的高频错题，二是课时教学内容同步试题。(4) 课后限时作业上要注明考试日期、命题人等信息。教师要把限时作业试卷与批改情况依次粘贴成册，以供自己了解学情和年级检查。

2.布置课后作业的要求。(1) 课后作业要限时。要利于学科自习课，在限定时间内完成作业任务。通过限时作业可以使学生集中精力，全心投入，专心思考，从而真实反映出学生的实际水平。限时作业是教师掌握学生学习情况，督促学生学习，培养学生良好学习习惯，提高作业效能的有效措施。一次作业的建议时量为数学、物理不超过30分钟，其他科目不超过20分钟（语文作文除外）。必须在学科自习课时发作业，学科自习课结束时收交作业，其余时间严禁收交作业。(2) 要独立闭卷解题。解题过程中不允许学生翻阅资料，不允许学生互相讨论，严格按考试对待。这样可以培养学生独立完成作业的习惯，减轻依赖感，保证思维连续性，以最大限度地提高学生的学习效率。

四、课后作业批改与讲评

课后作业要及时批改与订正，并要全批全改，这样可以全面准确地了解学生的掌握程度与学习效果，能有针对性地及时补救和矫正学生暴露出来的问题，快速反馈，帮助学生巩固所学的知识。即有发必收，有收必批，有批必评，有评必补，具体要求：（1）有布置必批改，可灵活使用全批、点批与面批。批改作业时，要注明批改日期与必要的点评和评价。（2）分析答题情况（可发挥学习小组的作用），及时反馈，及时订正，精准点评。（3）对作业中的高频错点、难点、疑点利用一次作业、周考等机会再检测。课后作业批改和讲评是教学常规的项目之一，但课后作业检查也很重要。课后作业主要检查学生是否按训练系统资料整理规范操作。部分学生的作业本，主要看作业的量、批改标注的信息等。

第六节　试卷讲评课规范

学生学科能力的提升是一个不断同错误进行斗争并战胜错误的螺旋式上升的渐进过程，因此考试与试卷讲评的目标是考有所得，评有所获。试卷讲评课的目的不在于只澄清某个问题的正误，只对试题进行单纯的分析，就题论题的试卷讲评课是低效的。而有效的试卷讲评课应抓住典型，微专题化设计，不求面面俱到，但求能透彻掌握几类问题。

一、试卷讲评课前的准备工作

试卷讲评课要避免两种做法：一是从头到尾逐题讲解，没有重点；二是对、抄答案，就题论题，浅尝辄止。试卷讲评课应该做到有的放矢，把试卷讲深讲透。因此，讲评课前的准备工作十分重要。

1. 数据统计。广泛收集试卷信息，仔细分析答题情况。为了做到对成绩、对学生、对试卷心中有数。每次周考、月考、模考后都要做好繁琐而准确的统计工作。

2. 分析比较。分析即教师根据每题出现的典型错误揣摩学生的答题思路，归纳造成学生答题错误的主要原因（或审题意识，或知识积累，或语言表达等）以明确学生在各个板块复习中的总体优势和劣势。比较是为了充分利用试卷的检测功能，发现教学中的进步和薄弱环节，发现学生学习的基本情况，更好地指导以后的教学。比较可以是同类班级的横向比较，也可以是本次考试与近几次考试情况的纵向比较；可以将同一试卷中不同题型、不同板块的得分情况做比较分析也还可以从优等生与后进生进行比较，找出优等生之所以优秀，后进生之所以落后的原因。

3. 确定重点。数据统计及分析比较的根本目的在于站在命题思想和备考策略的高度，对得分率低的试题认真查找失分原因，发现教学中的漏洞和不足，并确定讲评的知识重点和板块重点，做到有的放矢。

重点试题的讲评，一般要达到以下目的：（1）认知试卷。教师首先要让学生对试卷的整体结构、基础题型以及测试要达到的目标和已经达成的目标有一个总体上的认识和把握。（2）纠正错误。纠正学生答题中各种错误的同时，对错误率偏高试题、以往遗留的问题等要作为重点、难点、讲透，教给学生正确的思维方法。（3）提要拓展。教师对每一道重点题涉及的知识考点应有一个基本方法的归纳，并进行举例、巩固。

二、试卷讲评课遵循的原则

1.及时性：趁热打铁。我们常常抱怨学生喜欢把眼睛盯在分数上，不重反思，太过功利，其实造成这种结果的原因之一是试卷讲评和结果反馈相对滞后。学生做完一份试卷需要一两个小时，经历从识记、理解到演算、表达的复杂思维过程，因此他们对自己的劳动成效非常重视，这也在情理之中。但在教学中，由于我们备课任务繁重、批改试卷难度大，往往把试卷发放和讲评工作搁置太久，此时，学生做题目时产生的思维火花已经消失，能够刺激他们思维的只剩下分数。因此，及时将考试结果和答案反馈给学生，是取得良好讲评效果的一个重要因素。

2.针对性：选题典型。一份试卷中总有一些错误率高、困惑性大的试题，还有一些能体现本阶段专题教学重点的试题。教师应选择这些试题作为讲评的重点，而不应面面俱到。根据学生答题情况，教师对某道题或某个板块试题的常见干扰陷阱设置讲清讲明，以增强学生敏锐的识别意识；对某道或某个板块能体现本阶段教学内容的试题，应讲好其基本解题思路、答题策略，最好采用小专题式讲评模式。

3.拓展性：融会贯通。试卷讲评从一定程度上讲是一个重新整理知识的过程。讲评过程中，教师要借题发挥帮助学生类比延伸，调动已有的知识积累，理清相关的知识结构，使学生形成一个经纬交织、融会贯通的知识网络。应将相关考点的思维方法适当归类，力争讲活一题学生就能举一反三，触类旁通。

4.互动性：再现情境。试卷虽然相同，但学生分数高低不一，答题思路方法也各有差异，知识缺陷和错误情况也不尽相同。讲评试卷时可安排几道题由学生讲述答题思路，还原考试情境，甚至让他们提问、质疑，这样既能调动学生的积极性，也可使讲评更贴近学生心理。通过学生自己的讲解，教师会发现学生得了分的题目未必是因为知识学得扎实，有时属于歪打正着。只有充分发挥学生的主体作用，才能使讲评课取得最佳效果。

5.激励性：增强信心。充分发挥试卷讲评课的激励性功能是讲评课所要遵循的重要原则。学生学习的心理动机常常表现为希望得到好的分数，取得好成绩后希望得到老师的赞扬。但是，每次分数下来，总是几人欢乐几人愁，考试成绩好的学生往往情绪高涨，喜悦；成绩差的则情绪低落，甚至自卑、自弃。因此，每次考试成绩出来后，老师应强调，一马当先不必沾沾自喜，马失前蹄不必妄自菲薄。特别是对于考试成绩较差的学生，不要过多的指责，而且在讲评时，特别关注帮助他们恢复信心，使其保持和强化努力学习的心理动机。

三、试卷讲评课后的反思

1.反思之一：纠正错题。要求学生根据答案，针对答错的题目写出对题目的正确理解、解答过程等。教师要做好个别辅导和答疑工作。

2.反思之二：考试小结。要求学生做好每次考试小结。小结的内容包括本次考试的准备情况、答题情况、得分情况、出错原因，认清自己是识记不牢还是理解不到位，是表达不规范还是题干隐含意义挖掘不清，是教材知识迁移不够还是思维方法欠缺，是思想上不够重视还是心理上过度紧张导致的临场发挥不佳，所得分是实力分还是运气分，等等。

3.反思之三：巩固练习。要求学生在错题本中记好错题，并针对答题时出现的错误，查找相关资料，自主选择相关试题进行巩固练习，以检测自己是否真的明白了、掌握了。若又出错，仍要继续查找原因。

4.反思之四：考点细目。考试后，备课组长或命题人须将考点的分布情况填写到双向细目表中，并对考试中的难点作不同的标记。

四、试卷讲评课的教学设计

试卷讲评课教学设计主要包含统计分析、析错纠错、强化巩固三个部分。

1.统计分析。通报有关统计数据，让学生心中有数，找到自己在班级中的准确定位。

2.析错纠错。讲评切忌平铺直叙，更不能成为简单的对答案和说答案，应做到“归类分析，突出重点，突破难点，加强思路分析，讲究对症下药”。此阶段的教学设计可根据错点进行小专题化设计，每个小专题即为一个任务，每个任务可围绕四个环节设计：一是错题再现。试卷中的典型高错题进行剖析，错因分析与思路启发上，只板书必要的解题过程（如对算理、算法要求较高的运算过程，要求较高的解题格式等），不必面面俱到。二是演练获得。精选同类试题作为生成性例题进行演练，当然，如果错题本身就很有代表性时，可以不必再安排此环节。三是归纳总结。对这类问题所涉及的知识、方法等进行小结，以帮助学生突破此类问题的套路。四是拓展提升。在总结与释疑的基础上，对类问题进行再强化，检验学生是否真正理解、学会，对于学生在前面环节掌握得比较好时，可忽略此环节。

3.强化巩固。对学生易错的知识与题型，应配备课后强化练习，以帮助学生牢固掌握基础知识和基本技能，加深对同类知识的理解和巩固，帮助学生达到“会而对，对而全，全而得满分”的目标。教师只有把握好最后这个环节，才能圆满完成讲评课的任务，达到讲评课的目的。

第七节　双向细目表的制作规范

考试双向细目表是一种考查目标（能力）和考查内容之间的关联表（双向是指教学目标和教学内容）。

1.高考总复习所用的学科考点双向细目旨在列出各考点在历年高考、各次月考中的分布情况，是高考考点的考向图谱，既可以通过高考的分布情况分析高考的命题走向，也可以通过月考的分布情况来调控教学方向。

2. 高考双向细目表的基本格式如下：

章	节	考点	知识要求			××××年		……		×月月考		……	
			了解	理解	掌握	次数	分值	次数	分值	次数	分值	次数	分值

3. 几点说明：

（1）考点力求精细，有知识性的与有方法性的，尽量划细些。（2）考点出现的情况分“高考”和“月考”两部分，通常高考部分列3—5年，月考部分列8次左右。（3）在进入总复习之前，各学科要制作好高考双向细目表，一是印刷后，师生人手一份；二是制作成大幅成品，粘贴在醒目处，每次考试后对应填上去。（4）在双向细目表中不同“能力层次”和不同“题型”下面对应的各列中，应填写各考核知识点在试卷中所占的分值。不能简单地画“√”，也不能只填写题号和题目个数。

第九章 “知识问题化 问题情境化”生本教学设计范例

希望本无所谓有，也无所谓无，这就像地上的路，其实地上本没有路，走的人多了，也便成了路。

——鲁迅

一开始设定高目标，日后才能构思出崭新的方法。

——伊克德·皮费佛

如果你希望成功，当以恒心为良友，以经验为参谋，以当心为兄弟，以希望为哨兵。

——爱迪生

第一节 语文学科教学设计范例

范例1 以工匠精神雕琢时代品质(新授课)

主备人：雷俊军　　协备人：陈冬婷　　审核人：刘晓晖

一、教学目标

1.让学生理清文章思路，理解文章思想内容。

2.让学生理解、熟悉时评文的结构特点。

3.让学生理解、领会工匠精神的内涵，并能与自己的学习联系起来。

二、重点难点

重点：理清文章思路，理解文章思想内容。

难点：理解、熟悉时评文的结构特点。

三、教学方法

独立思考，归纳段意。演练获得，及时运用。

独立思考，筛选信息。迁移拓展，写读后感。

四、教学手段

学案、课件、希沃白板。

五、教学过程

【导入新课】社会生活中，存在众多行业和工种，各个行业里，都曾经涌现出一大批能工巧匠，古有“目无全牛”“游刃有余”的庖丁，俗世奇人、技艺精湛的刷子李，今有火箭弹药整形美容师徐立平，创造国际“和美”纯银丝巾的錾刻师孟剑锋。在社会分工日益精细化的今天，我们的时代呼唤更多能工巧匠的出现，呼唤全社会高扬礼赞工匠精神的时代大旗。

同学们，今天我们就一起学习一篇呼唤工匠精神回归的新闻评论文章

《以工匠精神雕琢时代品质》。

【设计意图】设置情境，激发学生兴趣，引出课题。

任务一　通读全文，理解文意。

【演练获得】

快速阅读全文，然后归纳课文第一、二段的大意。

第一段：______________________________________。

第二段：______________________________________。

【设计意图】引导学生学会通过归纳概括段意的方式来理解文意；了解学生对“概括段意”这一能力的掌握情况。

【归纳总结】简要、准确概括段意的方法：（1）抓中心句；（2）动词+中心词/话题+侧重点/议论范畴。

【拓展提升】归纳课文第三至第五段的大意。

第三段：______________________________________。

第四段：______________________________________。

第五段：______________________________________。

【设计意图】让学生及时运用总结的方法，化知为能；了解学生对于“概括段意”是否还存在问题。

任务二　理清思路，明确论证结构。

【知识呈现】典型时评文的论证思路/结构。

1.三分法：引论、本论、结论。

（1）引论也叫“绪论”，是议论文的开头部分，是提出问题部分，或提出论点，或提出论题。作者所要议论的观点、主张、见解、道理，介绍给读者，这一部分回答的是“是什么”的问题。（2）本论是议论文的主体部分，主要任务是分析问题。在这一部分里，作者要用尽一切办法（例证、引证、比喻论证、类比论证、对比论证、分层论证）来证明文章观点。这一部分回答的是“为什么”的问题。（3）结论是议论文的解决问题部分。就内容来说，是全文的综合、概括、总结、提高和深化。就结构而言，结论要呼应全篇，使文章首尾圆合。结论要简明扼要，当止则止，切不可节外生枝。这部分回答的是“怎么办”的问题。

2.四分法：引、议、联、结。

（1）“引”即引用材料，概述新闻事实或社会现象，从现象中提取论述的观点。【是什么】（选准切入点，简明扼要，1—2自然段，150—200字）。（2）“议”即就事论事，一事一议，提出观点，表明态度。针对事实或现象加以多角度、多层次评析，分析造成某一现象的原因，揭示现象背后所隐藏的实质。【为什么】（注意层次，逻辑关系要清晰，2—3自然段，400—500字）。（3）“联”即联系实际说道理，或解决问题。【怎么办】（搜集典型论据，适当发挥，约200字）。（4）“结”即针对事实或社会现象，在评析的基础上得出结论，强化自己的观点（约100字）。

3.五分法：引、评、析、联、结。

这种分法实际上就是把四分法中的“议”细分成“评”“析”两个部分。“评”即对新闻事实发表评论，表明观点态度；“析”即对新闻事实多角度分析，论证自己的观点。

【设计意图】因为学生是首次接触时评，所以直接把时评文的常见论证结构印在学案上呈现出来，同时也节省了学生做笔记的时间。

【演练获得】

1.用“三分法”分析课文思路结构。

标题：《以工匠精神雕琢时代品质》

引论：（第______段）。

本论：（第______段）____。

结论：（第______段）____。

2.用“五分法”分析课文思路结构——在课文中标明引、评、析、联、结。

【设计意图】让学生及时运用学到的新知，化知为能；了解学生对于两种论证思路/结构的理解、运用情况。

【归纳总结】（1）“引”的内容，就是评论的对象——新闻事实（部分或全部）；（2）引出评论对象后，可以直接评论，也可以先简单分析；（3）

所谓“析”其实就是从新闻事实中寻找能论证自己观点态度的理由；(4)“联”可以独立成段，也可以穿插在“析”中。

【拓展提升】

用“五分法”分析下文——在课文中标明引、评、析、联、结。

副局长开会打瞌睡丢官，冤枉吗？

在22日举行的某县纪委十一届三次全体（扩大）会议上，县委副书记、县长宣读了干部处理决定：同意蒋某辞去县投资促进局副局长职务。据悉，在2月20日举行的市招商引资与开发区发展专题讲座上，蒋某因在会上打瞌睡，被市委书记当众点名批评。(2008年2月23日《都市时报》)

副局长开会打瞌睡丢官，近日在网上引发热议。从网友的留言来看，似乎同情的不少，甚至还有网友认为这是小题大做、哗众取宠，是上级官员在滥用权力。(概引) 对此，我不敢苟同。(评)

细读报道全文，这位副局长丢官，其实并没有“被勒令辞职”的情节。且看县委副书记、县长宣读的干部处理决定：同意蒋某辞去县投资促进局副局长职务。干部提出辞职，组织予以批准、同意，难道不符合组织程序吗？懒、散、推、拖的机关作风，难道不应该予以制止和整治？(析)

有网友认为，蒋副局长可能是因“抗灾累得撑不住”，这条理由我看也难以服人。(引、评) 且不说蒋副局长有没有参加抗灾，就是真的因“抗灾累得撑不住”，我想请个假也是情理之中的；再说了，一个招商引资与开发区发展专题讲座，作为主管部门的领导干部不认真听讲反而打瞌睡，似乎也说不过去吧？(析) 由此看来，开会打瞌睡丢官并不冤枉。(评)

当前有一种怪现象，即我们一方面在大声疾呼要雷厉风行地推进“吏治改革”，另一方面，又千方百计同情那些懒散、拖沓的领导干部，甚至为他们打抱不平，(联) 这真是一个莫名其妙的“怪圈”。(评)

在我看来，开会打盹丢官绝非小题大做、哗众取宠，恰恰是一次对官场潜规则的彻底颠覆！(评) 在我的印象中，对官员作风不正、工作失误的追究、问责，常常是“千呼万唤不出来”。不要说是开会、听讲座这样的“芝麻小事”，就是出了人命关天的大事，在很多地方处理、问责的棍子，也总是高高举起轻轻放下。（联）在这样的官场潜规则影响下，久而久之，我们的一些领导干部也就养成了一种拖沓涣散的工作作风了。（析）

我也假设一下，蒋副局长在市委书记面前都敢打瞌睡，在普通百姓面前，他又会是何种表现呢？（析/假设论证）

县委副书记、县长希望通过这件事情在全县干部群众中引起震动，改变以往懒、散、推、拖的机关作风，以振奋的精神状态投入到新区的建设发展中。（引）我想理应如此，人们必须明白，对领导干部严厉管束，绝非小题大做。（评）为政之道，贵在实，天下大事，必作于细。（析/引用论证）开会打盹丢官的副局根本不值得同情，恰恰相反，如此雷厉风行颠覆官场潜规则的实事和细事，在如今实在是太“珍贵”了！（结）

【设计意图】教材中的这篇课文并不是典型的时评，学生难以全面、深入理解“五分法”，所以选择了一篇课外的典型时评供学生及时训练。

任务三　理解“工匠精神”的内涵。

【演练获得】文章中提到的“工匠精神”的内涵有哪些？____________

____

【设计意图】让学生理解课文的核心概念；让学生深入领会工匠精神；训练学生筛选信息的能力。

【归纳总结】①炉火纯青的技术；②发自肺腑、专心如一的热爱；③臻于至善、超今冠古的追求；④冰心一片、物我两忘的境界；⑤格物致知、真心诚意的生命哲学；⑥技进乎道、超然达观的人生信念。

【拓展提升】在今后的高中学习中，你将如何践行“工匠精神”？

【设计意图】让学生学以致用，把工匠精神运用到学习中去，使自己从“学生”发展成“学匠”。

范例2 文言文阅读——词类活用(动词)(复习课)

主备人：雷雪艳　　协备人：唐飞　　审核人：李美英

一、教学目标

1.识记动词的活用类型。

2.掌握动词活用的规律，能在具体语境中准确判断翻译，提高文言文阅读题得分率。

3.提升文言文阅读的能力。

二、重点难点

重点：在典例探究中掌握动词活用的规律，积累方法。

难点：在练习中掌握方法，提高在具体语境中准确判断翻译的能力，提高文言文得分率。

三、教学方法

自主学习，讲练结合，小组合作探究。

四、教学手段

多媒体课件。

五、教学过程

【情境问题】

解释下列句子中划线的字。你发现了什么？

1.夫大国，难测也，惧有伏焉。

2.项伯杀人，臣活之。

3.今亡亦死，举大计亦死，等死，死国可乎？

【设计意图】用教材熟悉的文言句子设置情境，激发学生对文言文动词活用现象深层次探究的兴趣。

【知识呈现】明确动词活用的三大类型：（1）动词活用为名词；（2）动词活用为使动；（3）动词的为动用法。

【设计意图】让学生在情境问题解决的基础上总结，教师用思维导图形式展示，学生做到心中有纲要，从而为下一步学习探究做好准备。

任务一 动词活用为名词

【演练获得】解释下列句子中划线的字。你发现了什么？

1. 殚其地之出，竭其庐之入。

2. 盖其又深，则其至又加少矣。

3. 夫大国，难测也，惧有伏焉。（《曹刿论战》）

【设计意图】课内外文本结合，难易结合，学生自主思考解题，并深入探究归纳解题规律。

【归纳总结】（1）动词活用为名词，它一般处在句中主语或宾语的位置，有时前边有“其”或“之”。（2）动词+动词，如果不是连动关系，那么后一个动词活用为名词。

【拓展提升】请解释下列划线的字，并指出活用的类型。

1. 古人之观于天地、山川、草木、虫鱼、鸟兽,往往有得。

2. 钩党之捕遍于天下。

3. 作有利于时，制有便于物者,可为也。

4. 燕赵之收藏，韩魏之经营。

任务二 动词活用为使动

【演练获得】解释下列句子中划线的字。你发现了什么？

1. 虽大风浪不能鸣（之）也。 2. 舞幽壑之潜蛟，泣孤舟之嫠妇。

3. 吞二周而亡诸侯。 4. 远人不服，则修文德以来之。

5. 公旦日从百余骑来见项王。 6. 均之二策，宁许以负秦曲。

【设计意图】较任务一增加了题量，但选用较简短且较熟悉的文言句子让学生演练，比较容易深入探究总结规律从而提高学生自信力。

【归纳总结】动词的使动用法包括不及物动词的使动和及物动词的使动两种。要特别注意及物动词的使动用法，要根据语境判断翻译，表示“使宾语产生某种动作行为”。

【拓展提升】请找出画线句中的有活用的词，并准确翻译画线句子。

狼度简子之去远，而作声囊中曰：“出我囊，解我缚，我将逝矣。”先生举手出狼，狼咆哮谓先生曰："我馁甚，馁不得食，亦终必亡而已。先生既墨者，思一利天下，又何吝一躯啖我而全微命乎？"遂鼓吻奋爪，以向先生。

活用词：________________________________

译文：__________________________________

【设计意图】此处用文段考查，增加设题难度，但是选题素材通俗易懂，趣味性强，易于激发学生探究兴趣。

【演练获得】解释下列句子中划线的字。你发现了什么？

1.哀吾生之须臾。

2.猿猱欲度愁攀援。

3.是使民养生丧死无憾也。

【设计意图】为动用法相对其类型的活用而言更有难度，所以本演练探究环节只选用学生熟悉的教材内诗文中句子。

【归纳总结】为动用法，即主语为宾语而动。结构方式：［动＋宾］=［为］＋宾＋动。一般译为："给（替、为）……怎么样"。

【拓展提升】解释下列句子中划线的字，并指出活用的类型。

1.既泣之三日，乃誓疗之。（《病梅馆记》）

2.今亡亦死,举大计亦死，等死，死国可乎。（《史记·陈涉世家》）

3.已行，非弗思也，祭祀必祝之。（《战国策·触龙说赵太后》）

4.伯夷死名于首阳之下，盗跖死利于东陵之上。（《庄子·骈拇》）

【设计意图】选题难易结合，增加句子出处，引导学生关注语境，准确译读。

六、课堂小结

请同学们来谈谈你在本堂课的所得所悟。

本堂课我们复习了文言文中动词的活用知识点，通过演练、总结归纳以及巩固提升，我们掌握了动词活用的规律类型，希望同学们能在不同的语境中对活用的动词能准确判断并翻译，提高文言文综合阅读能力。

第二节 数学学科教学设计范例

范例1 函数的单调性与导数(1)

主备人：罗儒平　　协备人：尹亮国　　审核人：刘红星

一、教学目标

1. 掌握单调性与导数的关系。

2. 从图象的角度理解单调性与导数的关系。

3. 会利用导数的正、负判断函数的单调性。

二、重点难点

重点：单调性与导数的关系。

难点：利用导数判断函数的单调性。

三、教学方法

探究法、归纳法、讲述法。

四、教学手段

多媒体、投影仪。

五、教学过程

【知识复习】一般地，设函数$f(x)$的定义域A内某个区间D上任意的两个自变量x_1，x_2：（1）当$x_1 < x_2$时，都有________，那么函数$f(x)$在区间D上是增函数。（2）当$x_1 < x_2$时，都有________，那么函数$f(x)$在区间D上是减函数。

【设计意图】回顾单调性定义，了解以前证明单调性的方法，便于比较以前的方法与现在的方法的异同，感受导数法证单调性的便捷。

任务一　单调性与导数的关系

【情境问题】下列函数$y=f(x)$在区间A上的导数$f'(x)$的符号与函数的单

调性有什么关系？

函数	导数	区间 A	导数符号	单调性
$f(x)=1$		$(-\infty,+\infty)$		
$f(x)=2x$		$(-\infty,+\infty)$		
$f(x)=x^2-4x+3$		$(2,+\infty)$		
$f(x)=-2x$		$(-\infty,+\infty)$		

【设计意图】通过熟悉函数的单调性，归纳出单调性与导数正负的关系，形成直观感受。

【知识呈现】（1）函数的单调性与导数的关系。(2)设函数 $y=f(x)$ 在某区间内可导：①若 $f'(x)>0$，则 $y=f(x)$ 在某区间上为______；②若 $f'(x)<0$，则 $y=f(x)$ 在某区间上为______；③若函数在某区间内恒有 $f'(x)=0$，则 $y=f(x)$ 为______。

【思考】从函数图象的角度怎样理解这种关系？

【演练获得】已知函数 $y=f(x)$ 的导函数 $f'(x)$ 的下列信息：当 $1<x<4$ 时，$f'(x)<0$；当 $x<1$ 或 $x>4$ 时，$f'(x)>0$；当 $x=1$ 或 $x=4$ 时，$f'(x)=0$。试画出函数 $f(x)$ 图象的大致形状。

【设计意图】通过实例巩固导数与单调性的关系，对获得的知识加深印象。

【归纳总结】（1）导数与单调性的关系；（2）导函数图象与原函数图象的关系。

【拓展提升】

巩固 1. 函数 $f(x)=2x+\cos x$ 在 R 上是（　）

A. 增函数　　B. 减函数　　C. 先增后减　　D. 先减后增

巩固 2. 函数 $y=f(x)$ 的导函数 $f'(x)$ 的图象如图所示，则下面判断正确的是（　）

A. 在区间 $(-2,1)$ 上 $f(x)$ 是增函数

B. 在区间 $(1,3)$ 上 $f(x)$ 是减函数

C.在区间（4，5）上 f（x）是增函数

D.在区间（3，5）上 f（x）是增函数

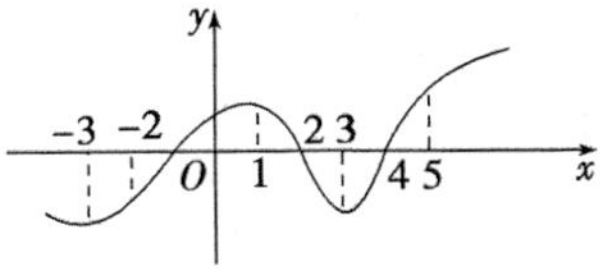

巩固3.设函数 $f(x)$ 的图象如图所示，则导函数 $f'(x)$ 的图象可能为（ ）

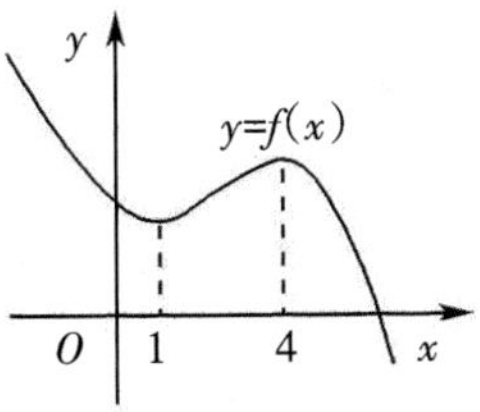

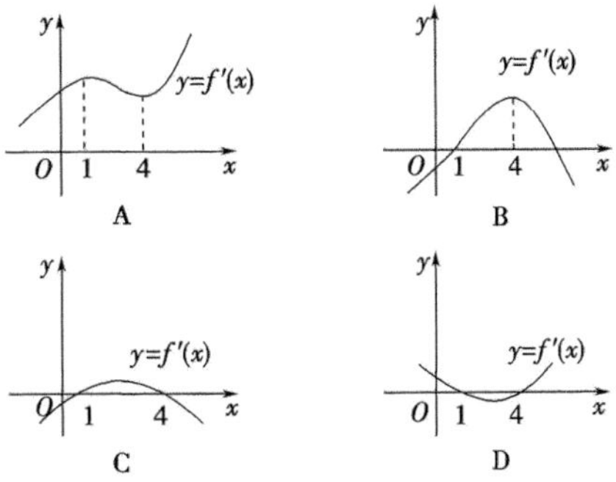

巩固4.已知 $y=xf'(x)$ 的图象如所示，其中，$f'(x)$ 是函数 $f(x)$ 的导函数。下面四个图象中，$y=f(x)$ 的图象大致是（ ）

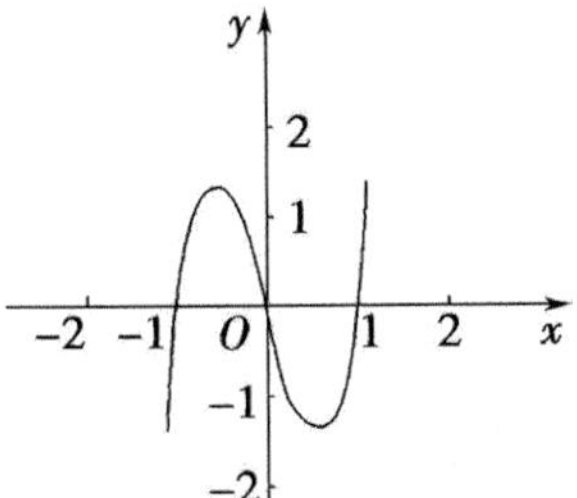

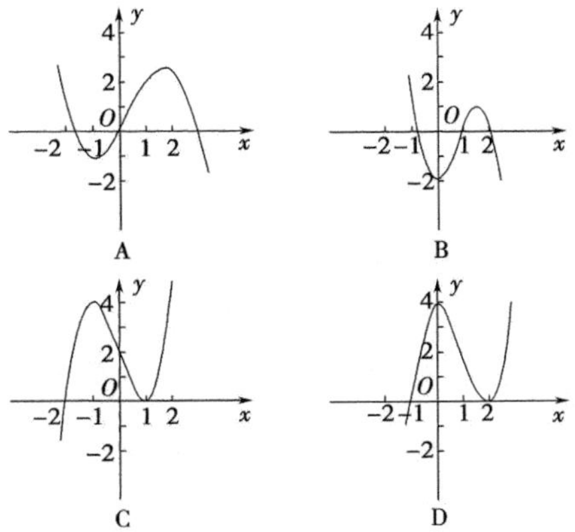

【设计意图】巩固下列知识：导数与单调性的关系；用导数判断函数的单调性；导函数的图象与原函数图象间的关系。

任务二 探讨函数值变化快慢

【演练获得】如图，水以恒速（即单位时间内注入水的体积相同）注

入下面四种底面积相同的容器中，请分别找出与各容器对应的水的高度h与时间t的函数关系图象。

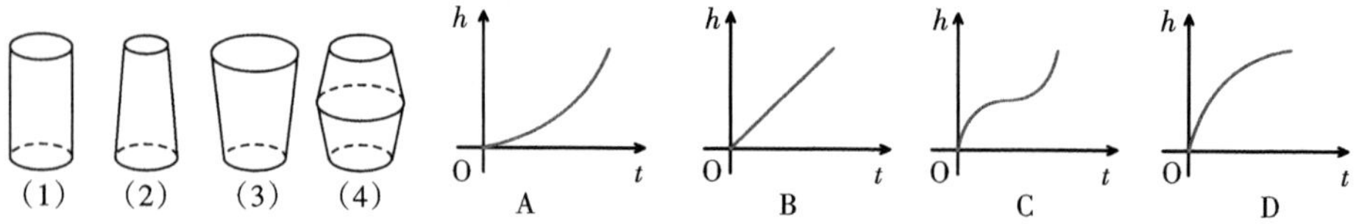

【设计意图】通过实例，直观感受函数增长快慢在函数图象上的体现，进而明确函数值增长快慢与导数绝对值大小的关系。

【归纳总结】一般地，如果一个函数在某一范围内导数的绝对值较大，那么函数在这个范围内变化得快，这时函数图象就比较“陡峭”；反之，函数的图象就比较“平缓”。

【拓展提升】

巩固5.已知$f'(x)$是$f(x)$的导函数,$f'(x)$的图象如图所示,则$f(x)$的图象只可能是（　）

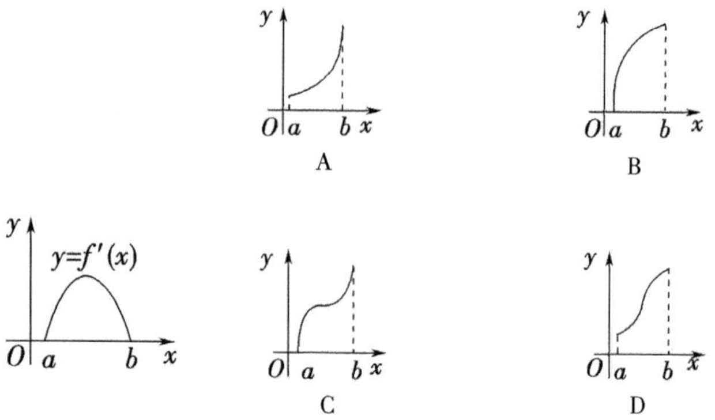

【设计意图】巩固函数值增长快慢与导数绝对值大小的有关系。

范例2　直线与平面垂直的判定与性质(复习课)

主备人：邝玉忠　　协备人：雷志雄　　审核人：曾俊彦

一、教学目标

1.通过本节的学习，掌握直线与平面垂直的判定与性质，并能运用它解决与平面垂直有关的问题。

2.在探索直线与平面垂直判定的过程中发展推理能力。

3.让学生亲身经历数学推理的过程，体验探索的乐趣，增强学习数学的兴趣。

二、重点难点

重点：直线与平面垂直的判定定理和性质定理。

难点：归纳出直线与平面垂直的判定定理及性质定理初步运用。

三、教学方法

引入—自学—练习—讨论—归纳—应用。

四、教学手段

多媒体课件。

五、教学过程

【情境问题】

问题1.动手操作，探究定理：过三角形的顶点A翻折纸片，得到折痕AD，将翻折后的纸片竖起放置在桌面上（BD、DC与桌面接触）（如图），观察并思考：（1）折痕AD与桌面垂直吗？（2）如何翻折才能使折痕AD与桌面所在的平面α垂直？

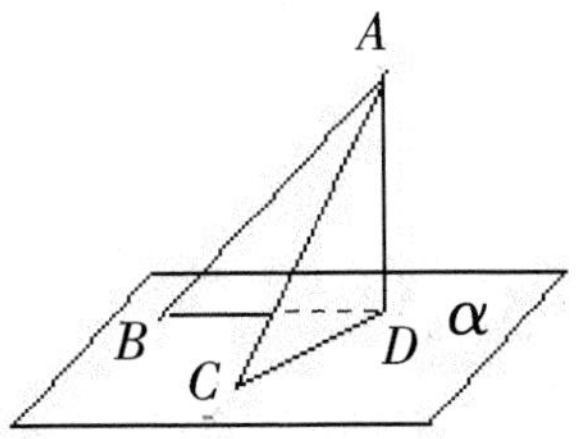

【设计意图】让学生经历从现实图形中抽象出几何问题，由直观感知到归纳总结，体验探索的乐趣，增强学习数学的兴趣。

【知识呈现】

1.线面垂直的定义。

2.线面垂直的判定。

	文字语言	图形语言	符号语言
线面垂直判定定理	一条直线与一个平面内的<u>两条相交直线</u>都垂直，则该直线与此平面垂直	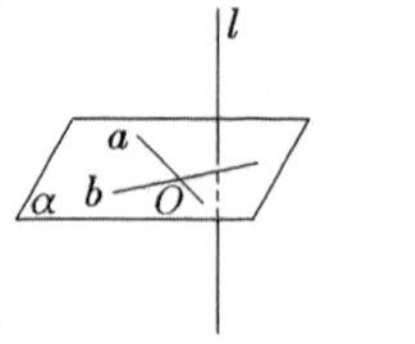	$\left.\begin{array}{l}a, b\subset\alpha\\ a\cap b=O\\ l\perp a\\ l\perp b\end{array}\right\}\Rightarrow l\perp\alpha$

问题2.如图，正方体$ABCD—A_1B_1C_1D_1$中，EF与异面直线AC、A_1D都垂直相交。求证：$EF//BD_1$。

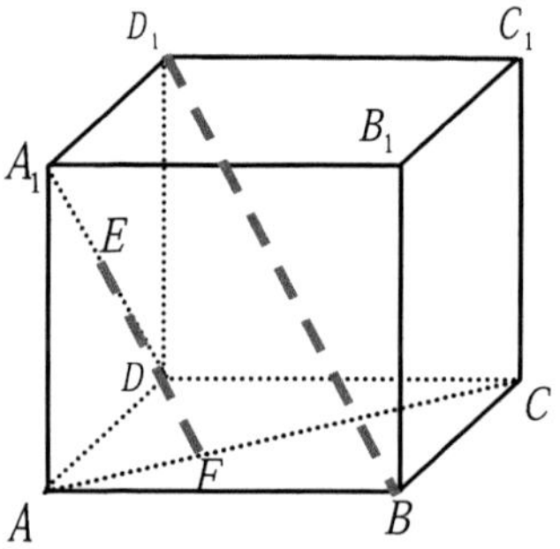

【知识呈现】

线面垂直的性质。

	文字语言	图形语言	符号语言
线面垂直性质定理	垂直于同一个平面的两条直线<u>平行</u>	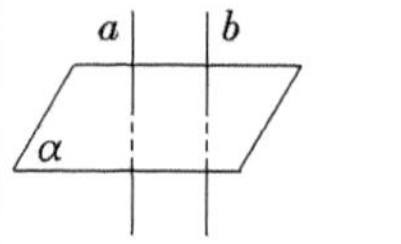	$\left.\begin{array}{l}a\perp\alpha\\ b\perp\alpha\end{array}\right\}\Rightarrow a//b$

思考：线面垂直⇒线线平行。

作用：实现垂直向平行的转化。

任务一　直线与平面垂直的判定

【演练获得】

例1.如图，长方体$ABCD—A_1B_1C_1D_1$的底面$ABCD$是正方形，点E在棱AA_1上，$BE\perp EC_1$。证明：$BE\perp$平面EB_1C_1。

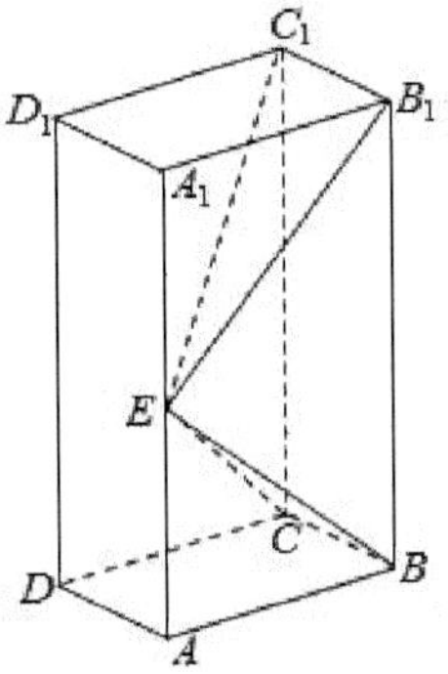

【设计意图】让学生明确运用定理的条件和具体步骤，培养学生严谨的逻辑推理能力。

【归纳总结】（1）过一点有且只有一条直线与已知平面垂直；（2）过一点有且只有一个平面与已知直线垂直。

【拓展提升】

巩固1.如图，直三棱柱$ABC—A_1B_1C_1$中，$AC=BC=1$，$\angle ACB=90°$，D是A_1B_1的中点，F在BB_1上。

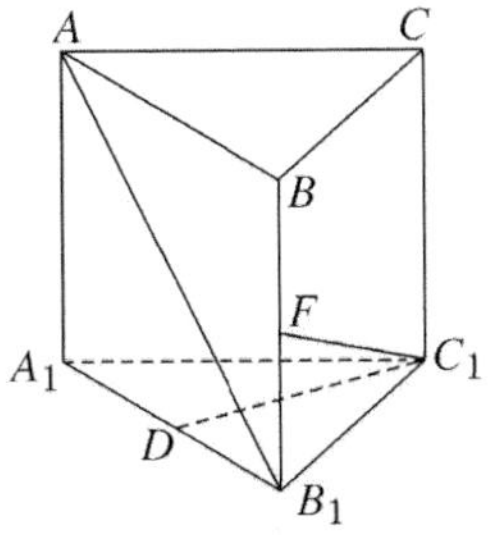

（1）求证：$C_1D\perp$平面AA_1B_1B；

（2）在下列给出三个条件中选取哪两个条件可使$AB_1\perp$平面C_1DF？并证明你的结论。

【设计意图】巩固所学知识，通过问题分析将空间问题转化为平面问题，有益于沟通知识与方法，开拓解题思路。

任务二　直线与平面垂直的性质

【演练获得】

例2.如图，已知$\alpha\cap\beta=l$，$PA\perp\alpha$于点A，$PA\perp\beta$于点B，若$a\in\alpha$，$a\perp AB$。

求证：$a/\!/l$。

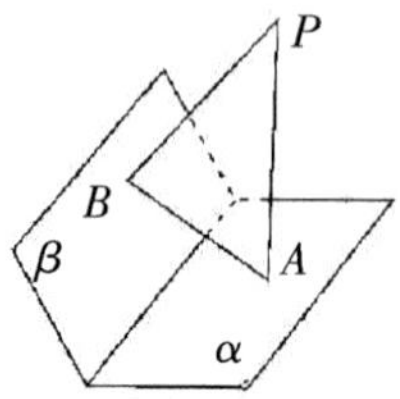

【归纳总结】通过总结线面垂直、线线垂直、线线平行的相互转化关系，培养学生的表达能力、归纳总结能力。

【拓展提升】

巩固2. 在正方体$ABCD—A_1B_1C_1D_1$中，P为D_1D的中点，O为底面$ABCD$的中心。求证：$B_1O\perp AP$。

【设计意图】以熟悉的正方体模型为载体，让学生从直观感知到推理证明的体验过程，从而识别性质定理的应用前提能在具体情境下正确运用定理。

第三节　英语学科教学设计范例

范例1　高二模块6第二单元（新授课）

（一）Module 6 Unit 2 Word study 1（单词教学）

主备人：汤素芳　　协备人：曾神凤　　审核人：李红丽

一、Teaching aims

Lead the students to learn the first half of the new words of this unit, paying attention to the pronunciation and spelling of them and the derivatives.

二、Teaching difficulties

1. The spelling of the words and their pronunciation;

2. The different forms of the words;

3. Some related words of the new words.

三、Teaching methods

Reading out the words; speaking out the words according to the pictures; group work; discussion; translating sentences.

四、Teaching aids

Multimedia teaching.

五、Teaching process

Activity 1 Learn the words one by one with pictures and practice.

Task 1: Fill in the blanks with proper words. (Aims: To get the students to know more related words, pay attention to the spelling and characteristics , so that they can form the words net.)

1. gymnastics *n.* 体操 ____________ *n.* 体操运动员；

2. surround *vt.* 围绕；

3. be____________ by sth. 被环绕；

4. ____________*n.* 周边的事情，环境；

5. ____________ *n.* 环境, *adj.* 周围的，附近的

Practice 1: Show pictures , and ask students to speak out the related words .

Task 2: Show the words first , and ask students to guess the meaning of them one by one.

sur-表示“超过,在上面

1. surface *n.*	2. surpass *vt.*	3. surrealism *n.*
4. surmount *vt.*	5. surplus *adj.*	6. surcharge *n.*

Practice 2: Try to understand the sentences ,work in groups, then ask students to show the answers , then check them.

1. He hopes one day to surpass the world record.

2. Teeth have a hared surface called enamel (釉质).

3. I realized that I have to surmount the language barrier.

4. Surplus grain will be sold for export .

5. Surrealism isn't for everyone, but I like it and there is a good market for it.

Task 3: Fill in the blanks with proper words. (Aims: To get the students to know more related words, pay attention to the spelling and characteristic , so that they can form the words net.)

1.junior *adj.* 初级的,(地位,职位等)底下的

________*adj.* 高级的,年长的,(地位,职位等)高级的

superior *adj.* 优越的,高级的　　________ *adj.* 低级的,差的

be superior ______ 比…高级/优秀　　be inferior ______ 比…低级/差劲

2.part *n.* 部分,零件　　apart *adv* 分开的 ________ *n.* 公寓

depart *v.* 分离　　__________*n.* 部门

depart *vi.* 离开　　__________ *n.* 出发

partly *adv.* 部分地　　apart from 远离,不在一起;除了

Practice 3: Please translate the sentence into English using the words above, work in groups, ask some students to write the answers on the blackboard, then check them.

1.你在这个公司的哪个部门工作?

2.许多老人选择和儿女分开居住。

3.我们计划明天上午八点启程。

4.他婚姻失败的部分原因是,他的妈妈不能和他妻子好好相处。

Task 4 : Fill in the blanks with proper words. (Aims: To get the students get to know more related words, pay attention to the spelling and characteristic , so that they can form the words net.)

special *adj.* 特别的　　specially *adv.* ________

specialist *n.* 家,专门医师(expert)　　especially *adv.* ________

Practice 4: Please translate the sentence into English using the words above, work in groups, ask some students to write the answer on the blackboard, then check them.

1. 今天是一个特别的日子，因为过了今天我就是一个成年人了。

2. 妈妈特意为我准备了一份礼物——电脑。

3. 我希望自己成为数学界的专家。

4. 这些科目我都喜欢，尤其是数学。

Task 5: Fill in the blanks with proper words. (Aims: To get the students get to know more related words, pay attention to the spelling and characteristic , so that they can form the words net.)

go after 追求　　run after ______　　name after ______

look after ______　　take after ______　　after all ______

Practice5: Please translate the sentence into English using the words above, work in groups, ask some students to write the answer on the blackboard , then check them.

1. 我觉得钟南山才是我们该追随的英雄。

2. 这个镇是以英雄欧阳海命名的。

3. 别对他太苛刻了，毕竟他才5岁。

4. 扶老携幼是我们每个人的职责。

Task 6 : Fill in the blanks with proper words. (Aims: To get the students get to know more related words, pay attention to the spelling and characteristic , so that they can form the words net.)

Note : 双写第一个辅音字母，前面加 a ，构成动词，在原有的基础上加深意思。

company *n.* 陪伴　　accompany *vt.* ______

count *v.* 数数　　account *vt.* ______

custom *n.* 习俗　　accustom *vt.* ______

credit *n.* 信用　　accredit *v.* ______

climate *n.* 气候　　acclimate *vt.* ______

prove *v.* 证明　　approve *vt.* 批准，赞同

point *v.* 指点　　appoint *vt.* 委任

六、Summary

Teacher: What have we learned in this class?

Ask students to speak out the words briefly.

范例2 Reading 1 The Search for Happiness(阅读教学)

主备人：李素芳　　协备人：李海娟　　审核人：胡建雄

一、Teaching aims

To improve students' reading abilities, and get the students to have a positive attitude to life.

二、Teaching difficulties

How to guide students to read and help them to improve reading skills.

How to help students to form positive attitude towards life.

三、Teaching methods

Guiding inquiry-based teaching method.

四、Teaching aids

Multimedia teaching.

五、Teaching steps

Activity 1: lead-in

1. Lead in the topic by pictures to get students to think about the topic.

Ask students: What is happiness? Show pictures and ask students to talk about the topic.

Conclusion 1: being successful　　Conclusion 2: gaining honor

Conclusion 3: staying with family　　Conclusion 4: staying with friends

Conclusion 5: being wealthy　　Conclusion 6: having a hobby

2.Question: What else can make you happy? Ask students to say as much as they can.

3. Show some pictures of Sang Lan

Question: Is the girl happy? What else can you see in the picture? Where does she sit?

Who is she? Do you know anything about her?

Today, we are going to learn something about the girl and know how to search happiness.

Activity 2 : Reading

Task 1: Reading strategy.

Discussion : Are there any differences from the common passage? What are the features of an interview?

What do the interviewer and the interviewee say at the beginning of the talk? Why?

What does the interviewer say at the end of the talk?

Task 2: Scan. To find information quickly.

Practice: Fast reading for the answers in Part A. Students answer together.

What is the topic of the TV interview?

What is the name of the doctor?

How did Sang Lan get injured?

Get students to answer them, and help them to know the meaning of the answer to Question 3.

Task 3: Careful reading for details.

Practice: Read carefully and find answers to Part C.

C1 Careful reading. True or false?

1. Dr Brain studies happiness.

2. Sang Lan became a gymnast when she was eleven years old.

3. Before her accident, Sang Lan's best event was the vault.

4. Sang Lan was injured in China in 1998, while practicing for the Goodwill Games.

5. Sang Lan broke her legs and will never walk again.

6. Leonardo DiCaprio visited Sang Lan in the hospital.

Get some students to speak out their opinions and find the errors and correct the sentence if it is false. Other students present their different answers if there are any. Help them to understand some sentences if necessary.

C2 Write the correct letters in the blanks.

Ask students to match the sentences on the left with those on the right. Students say their answers together. If there are some different opinions, ask some other students to explain to them.

Task 4 : Further reading

1. Read for the background information of Sang Lan:

Year of birth: ____　　Birthplace: ______________

Teammates' comments: ________　　Year of winning competitions: _____

Age of being disabled: _____　　Opinions from her: _________

Ask students to show the answers, explain some if necessary.

2. Analysis of personality:

Ask several students to share their opinions and give reasons.

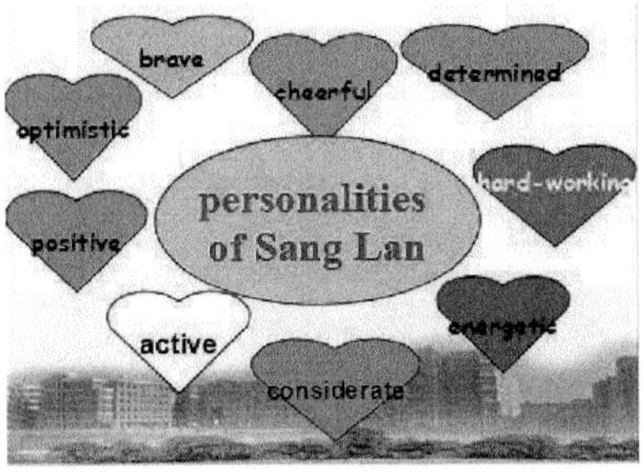

Activity 3 : An interview

Show pictures of some poor areas:

Conduct an interview between two students:

Your feeling is...

When you are studying , are you happy?

What is the attitude of you to difficulties?

Ask two groups to do it in the front of the classroom, and work as an interviewer or an interviewee.

六、Summary

Get students to summarize the content they have learned this time by answering questions: What's an interview? ……

范例3 Language points 1(词组教学)

主备人：李红丽　　协备人：李德雄　　审核人：汤素芳

一、Teaching aims

To enlarge students' vocabulary and know how to use them.

二、Teaching difficulties

Learn some useful and important phrases.

三、Teaching methods

Self-study, make sentences, and test the students.

四、Teaching aids

Multimedia teaching.

五、Teaching steps

Activity 1: Revision

Revise the text by retelling it.

(Ask students to retell the text by filling in the blanks in the passage shown on the screen.)

Activity 2: Study the following phrases

Useful phrases:

1. be surrounded by L1-2
2. achieve success L2-3
3. meet/reach a goal L3
4. struggle with/against L4
5. use the example of L11
6. be happy with L14
7. in case L20
8. by the time L23
9. compete in L23
10. apart from L28
11. devote oneself to L29
12. set up L33
13. be aware of L33
14. be rushed to L35
15. cheer sb. up L41
16. in good spirits L41
17. have appreciation for
18. adapt to L53
19. go after P21L1
20. touch the depths of one's soul P21L9

Teaching procedures:

1. Give the students time to underline the phrases in the text and do self-study to the important phrases.

2. Get some students to translate the phrases into Chinese.

3. Give the students time to make sentences with the phrases.

4. Get some students to say out their sentences before the whole class.

5. Get some other students to correct the sentences, if there are some mistakes.

Activity 3: Test the students

Show the Chinese meanings of the phrases on the screen and get some students to say out the English phrases.

六、Have a summary

Get the students to have a summary of the phrases they have learnt in this class.

七、Homework

1. Read the text again, paying attention to the words learned today.

2. Finish Exercise 3 and 4 on page 26 in the workbook.

范例4 Language points 2(句型教学)

主备人：李德雄　　协备人：唐爱迪　　审核人：雷绚琳

一、Teaching aims

To help students understand the sentences better and analyze their structures.

二、Teaching difficulties

Learn some useful and important words and sentences.

三、Teaching methods

Self-study, translation, analyzing sentence structures, and making sentences.

四、Teaching aids

Multimedia teaching.

五、Teaching steps

Activity 1: Revision

Revise the phrases learned last time by translating sentences or making sentences.

Activity 2: Study the following words and sentences

1. To some, happiness is being surrounded by family and friends.

She likes to surround herself with beautiful things.

The house was surrounded by high walls.

2. To others, happiness means achieving success in something, ... In this poem, the budding flower means youth.

Success means working hard.

3. ... even when people expect her to be sad. L15

expect sb. to do sth. She expected us to be waiting for her there.

be expected to do: be supposed to do

You are expected to work late if necessary.

4. Well, in case some of our viewers don't know her story, ...? L20

In case that he leaves, please inform me.

In case you need something, please don't hesitate to let me know.

Take a hat with you in case the sun is very hot.

In case of fire, dial 119 at once.

In no case have I noticed that he left early.

In any case, book the tickets first.

As is often the case, solving one problem can cause or uncover another.

There may be an announcement about this tomorrow or not, as the case may be.

5. by the time she competed in the gymnastics tournament at the New York Goodwill Games, ...(L23)

I will have finished the work by the time my father comes back.

By the time I got to the station the train had already gone.

6. Even though her training meant that she had to live apart from her parents, she was happy to devote herself to gymnastics. L28–29

She keeps herself apart from other people.

Apart from English, he can also speak French.

Apart from my parents, I have no one to talk to.

Our headmaster devoted himself to education.

He devoted himself to studying English literature.

7. In 1998, a small accident during one of her practice vaults at the Goodwill

Games could have cost her her future happiness. L31-32

Dangerous driving could cost you your life.

Teaching procedures:

1. Give the students time to underline the words and sentences in the text and do self-study to the important words and sentences and try to know the meanings and structures of the sentences.

2. Discuss with the group members if they have difficulties in understanding the meanings and analyzing the structures of the sentences.

3. Get some students to translate the sentences into Chinese and analyze the structures of the sentences.

4. Give the students time to prepare for their own example sentences.

5. Get some students to write down their sentences on the blackboard.

6. Get some other students to correct the sentences on the blackboard, if there are some mistakes.

六、Have a summary

Get the students to have a summary by looking back on what they have learnt in this period.

范例5 Module 6 Unit 2 Word power(词汇拓展教学)

主备人：文娟　　协备人：李素芳　　审核人：李敏娟

一、Teaching aims

1. Review the words related to emotions.

2. Help the students finish each exercise correctly.

二、Teaching important & difficult points

(重点)1. Help the students master the words related to emotions.

2. Master the uses of idioms related to emotions correctly.

(难点)1. Words and idioms used to express human feelings.

2. Teach the students how to use words and idioms to express emotion properly.

三、Teaching methods

Group work, practice and discussion.

四、Teaching aids

Multimedia teaching.

五、Teaching process

Activity 1: Lead in

Answer the questions below with adjectives or nouns

1. What kind of person was San Lan before she was hurt?

2. How was she after she was sent to hospital?

3. After coming back to China, how about her?

Activity 2: Words related to emotion and make sentences.

Task 1: Look at the pictures of emotions, and describe them with adjectives, or nouns. And then ask students to make sentences with them.

1. happy / joyful / delighted / pleased	happiness / joy / delight / pleasure
2. sad / upset	sadness
3. annoyed / angry / mad	annoyance / anger / madness
4. shy	shyness

5. surprised / astonished / shocked / amazed

surprise / astonishment / shock / amazement

6. depressed / frustrated / disappointed

depression / frustration / disappointment

7. fearful / frightened / scared / afraid	fear / fright / scare
8.excited	excitement

Activity 3: Enjoy some sentences and read them aloud.

His eyes twinkled with pleasure. 他的眼睛闪烁着快乐。

I was wild with joy. 我欣喜若狂。

I was pleased beyond description. 我高兴得难以形容。

I was seized by anger. 我充满了愤怒。

He was breathing fire and fury. 他充满着怒火。

I feel like I am floating in an ocean of sadness. 我漂浮在悲伤的海洋里。

Hearing the news, so desperate was he that he drowned sadness in wine.

听到这个消息,他绝望地把悲伤淹没在酒里。

Her flushed face was shining with excitement. 她激动得满脸通红。

Task 2: Practice and finish some exercises (group work)

Practice 1: Students summarize some words describing different emotions

nouns: concern joy delight regret shock fear scare

adjectives: concerned joyful delighted regretful shocked fearful scared

adjectives: anxious depressed sorrowful frightened sad worried pleased

nouns: anxiety depression sorrow fright sadness worry pleasure

Practice 2: Underline the correct words, adjectives or nouns? (part A on P22)

1. She was very anger / angry when she learnt that her son had lied, but she tried to control her anger / angry.

2. I was contentment / content after the match. I knew I had tried my hardest, and a feeling of contentment / content came over me.

3. Children are curiosity / curious about almost everything around them. They have a special curiosity / curious about animals.

4. I was so fright / frightened during the horror film! I am still recovering from the fright / frightened.

5. I know that many people are concern / concerned about me. I have received letters from so many people, all expressing their concern / concerned.

6. It was with great sadness / sad that they learnt of the man's death. Everyone felt sadness / sad at the news.

Practice 3: Flora entered a speech competition. Read her diary entry and help her fill in the correct words to describe her feelings.(part B on P23)

1. excitement 2. fearful frightened 3. sadness

4. happy 5. concerned 6. anxious 7. content.

Task 3: Idiom

There are many English idioms about emotions. Guess the meanings of the idioms from the below.

1. hot under the collar	勃然大怒	2. fly off the handle	神情沮丧
3. down in the dumps	发怒	4. on cloud nine	感到悲伤
5. over the moon	狂喜	6. feel blue	非常高兴

Practice of the idioms for emotions

1. The whole team were over the moon at winning the match. (very /extremely happy)

2. He is extremely irritable(易怒的)—he flies off the handle at the slightest thing.(gets angry suddenly)

3. She's a bit down in the dumps because she's got to take her exams again. (unhappy or depressed)

4. A: Was Helen pleased about getting the job?

B: Pleased? More than that. She was on cloud nine. (extremely happy or excited)

5. Finding his son cheating him, he was hot under the collar. (very angry)

6. Feeling blue? Don't you know who to talk to? Phone Depression Hotline, 24 hours a day. (feel slightly sad)

六、Summary

T: What did you learn in this class?

S: We learnt...

七、Homework

Write a short passage using what we learnt in the period.

范例6 Grammar and usage 3(语法教学)

主备人：李艳华　　协备人：陈颖　　审核人：刘诗雄

一、Teaching aims

Help the students review and master the usage of to infinitive form functioning as adverbs.

二、Teaching difficulties

Use a v-ing or v-ed after conjunctions such as when, while, once and although.

三、Teaching methods

Review; practice; conclusion.

四、Teaching aids

Multimedia teaching.

五、Teaching steps

Activity 1: Lead-in

Enjoy some pictures with some sentences. Ask them to fill in the blanks. Get students to know what to learn and their basic structures.

1. The children all turned back________ (look) at the famous actress as she entered the classroom.

2. For breakfast he only drinks juice from fresh fruit ________ (grow) on his own farm.

3. A small plane crashed into a hillside five miles east of the city, ________ (kill) all four people on board.

4. Your composition is good but your handwriting still requires ______(improve).

5. She returned home from the office, only ________ (find) the door open and something missing.

Activity 2: Learning

Task 1: Read the sentences

We can use a v-ing or v-ed after conjunctions such as when, while, once and although.

1. When waiting for the bus, he saw an old friend.

2. While reading the article, I was thinking of how I would write the story.

3. Once recovered, he went all out to do his work.

4. When asked why she was late for class again, she hung her head in shame.

5. Once started, the clock will go half a month and keep good time.

Summary:解答非谓语动词作状语的解题策略

1.确定是否考查非谓语动词作状语;

2.再分析是否考查不定式作状语;

3.排除不定式后,判定句子的主语与非谓语动词之间的主被动关系;

4.判定时间,分析非谓语动词与句子谓语动词发生的先后。

Activity 3: Practice

Task 1: Fill in the blanks with proper forms of the words. Ask some students to write down their answers on the Bb.

1. My mother used to sit by my bed, ______ (tell) me stories till I fell asleep.

2. I stopped the car ____________ (take) a short break as I was feeling tired.

3. _____________ (translate) into English, the sentence was found to have an entirely different word order.

4. George returned after the war, only ______ (tell) that his wife had left him.

5. Dina, __________ (struggle) for months to find a job as a waitress, finally took a position at a local advertising agency.

Task 2: Fill in the blanks with proper forms of the words. Ask some students to say their answers.

Sang Lan started _______ (win) competitions in 1991. In 1998, at the Goodwill Games, a coach changed the way the equipment was ______ (set) up. She hit her head, and then fell to the gymnastics mat with a ______ (break) neck. She was ________ (rush) to a top hospital in New York. This accident could have cost her

her future happiness.Everyone went to see her in the hospital __________(cheer) her up, all said she was in good spirits. Instead of ___________(cry) about what she had lost and feeling hopeless, Sang Lan thought about what she could do to get better. She believes that _______ (keep) busy helps her stay positive.

Students discuss the answers and reasons. Ask some to present their answers.

六、Summary

Ask students to draw a diagrame of to infinitive form.

范例7 Project 1(文章分析教学)

主备人:李晓霞　　协备人:雷绚琳　　审核人:陈颖

一、Teaching aims

Improve the students' ability of practice.

二、Teaching difficulties

Cooperate with their group members to fulfill each part of the work.

How to understand the two passages.

三、Teaching methods

Read and answer.

四、Teaching aids

Multimedia teaching.

五、Teaching steps

Activity 1: Lead-in

Lead in the topic by questions to get students to think about the topic.

Activity 2: Reading

Task1: Reading the two essays and answer the following questions.

1. Is the writer a teenager or an adult?

2. What time does the writer consider to be the happiest of his / her life?

Task 2: Read the essay GOLDEN DAYS by yourselves and then try to answer the two questions.

1. Why does the writer think those days were happy?

2. What does the writer think young people can do while old people can't?

Task 3: Listening to decide T or F:

( )1. He thinks the happiest of his life were the college days in the countryside in England.

( )2. He was so eager to grow up that he had a lot to worry about when he was young.

( )3. In the writer's opinion, health plays an important role in a person's happy life.

( )4. He can stay cheerful because he can still play sport when he was getting old.

Task 4: Read "My future happiness" and answer the questions:

1. What will guarantee people's health and happiness in the future?

2. In the future it will take less time to do housework and we will be able to have more time to enjoy staying together with our family. Why?

3. What else makes the author think that she will enjoy a happy life in the future?

4. Why does the writer think it is nice to think the happiest days are still ahead of her?

六、Summary

Get students to summarize the content they have learned this time.

七、Homework

1. Retell the stories.

2. Find out the useful words and difficult sentences.

范例8 Project 2(文章仿写教学)

主备人：洪莲青　　协备人：李晓霞　　审核人：雷绚琳

一、Teaching aims

To master some useful words and phrases.

二、Teaching difficulties

Enable the students to work together to create an essay and make a happiness handbook.

三、Teaching methods

Read and write.

四、Teaching aids

Multimedia teaching.

五、Teaching steps

Step 1: Lead-in

Step 2: Language points

Activity 1: Important phrases

Ask the students to try to find these phrases in advance.

1. 黄金岁月	2. 回顾 / 回忆 / 回想…
3. 在…的前面	4. 在人生的那段时期
5. 恨不得立刻长大	6. 最鲜明 最快乐的记忆
7. 享受我的少年时光	8. 解决影响我们的问题
9. 确保所有人的健康，快乐	10. 帮助某人处理枯燥无味的事
11. 简化我们的生活	12. 最大量 / 小量的时间
13. 有一份稳定的工作	14. 给我努力学习的动力

Ask students to say the phrases in English. Read together. Underline them on the book.

Activity 2: Language points

Task 1: Discussion

In this activity, first ask the students to find out the difficult sentences. Discuss in the team. Ask them to present them if they can't solve the problems. Ask others to explain them. Help students if necessary.

Task 2: Learning

1. look back on (upon) / look back to 回顾;回首(往事);回忆

我的爷爷奶奶总是回忆他们在过去的痛苦生活。

Practice :Translation

向下看,俯视;　　看不起某人,轻视某人

寻找;期望;盼望　调查　向上看,查询

2. All I had to do was go to school and spend a few hours studying when I came home. (L10)

All I had to do was enjoy my adolescence. (L14)(analyze the two sentences)

这两句中的I had to do是定语从句,前省略了定语从句引导词that;当主语中有do时,作表语的不定式可省略to。即前有do后无to.

因此,完整的句子是:All (that I had to do)was to go to...

All that I had to do was to enjoy...

练习:前有do后无to的结构造句

3. guarantee *n.* 保证书;保证; *v.* 保证 (P31, L10)

guarantee sth.　　guarantee sb. sth.

guarantee to do sth.　　guarantee that...

Practice : Translation.

(1)我不能保证你会得到这份工作。

I can't guarantee you the job. I can't guarantee that you'll get the job.

(2)这台新电视机有保修单。

The new television had a guarantee with it.

(3)金钱并不保证一定幸福。

Money is no guarantee of happiness.

4 Let students write down on the blackboard, others correct them if necessary.

5. assist “帮助;协助;援助”L13

Can you assist me with this problem?

We will assist you in finding somewhere to live.

He assisted us to establish a new company.

Show the above sentences and then ask the students to read and sum up structures.

Summary: assist sb with sth; assist sb in doing sth; assist sb to do sth

Practice: Practise making sentences with the structures.

Activity 3 Discussion: What time do you think is the best time in your life?

六、Summary

Get students to summarize the content they have learned this time.

七、Homework

Read the passage again and do B1 and B2.

范例9 Focus on Non-finite Verbs(复习课)

主备人:王兰兰　　协备人:李锋　　审核人:罗芬

一、Teaching aims

1. To grasp the meaning of non-finite verbs.

2. To judge when to use non-finite verbs.

3. To master the use of non-finite verbs in exercises.

二、Teaching difficulties

Use various forms of non-finite verbs to complete the tasks.

三、Teaching methods

Group work; discussion.

四、Teaching aids

Multimedia teaching.

五、Teaching steps

Activity 1：Lead-in

Enjoy the pictures, read the sentences and line out the finite and non-finite verbs.

教师活动：引导学生划出图片中相关句子的谓语动词和非谓语动词，引出本节课复习主题。

学生活动：欣赏图片并且划出图片中相关句子的谓语动词和非谓语动词，并且对什么是谓语与非谓语进行初步了解。

Activity 2：Presentation of all knowledge about non-finite verbs.

Demonstrate the basic rules and points about the non-finites verbs by using a table.

教师活动：要求学生填写表格，总结非谓语动词知识和考点。

学生活动：填写表格，总结非谓语动词的各种用法。

Activity 3：Self-study

Task 1：Students will finish tasks 1, 2 and 3 by themselves and discuss with the members in their group. At last, they will draw some conclusions.

Task 2：Each group choose a representative who will answer the questions asked by other students.

教师活动：要求学生自主完成学案中的三个任务，同时完成相关练习。最后要求学生通过小组活动讨论练习答案，派代表展示答案。

学生活动：自主完成学案中的习题，学会判断何时使用非谓语动词，选择恰当的非谓语动词形式，最后学会判断如何判断主动或者被动。同时通过小组讨论合作，锻炼学生与人交际的能力。

Activity 4：Summary

Ask students to make a summary about the skills for doing exercise of non-finite verbs.

教师活动：引导学生根据本堂课所学内容总结出动词类语法填空做题规则。

学生活动：学生通过提示总结出做题规则。

Activity 5 : Consolidation exercise

Ask students to finish these exercises by themselves and check their answers.

教师活动：要求学生自主完成5道××××年高考试题中出现的与谓语及非谓语相关的真题，最后要求学生上台展示答案，并且进行讲解。

学生活动：自主完成真题练习，并且上台展示答案，进行讲解。

Activity 6: Group discussion and composition rewriting

Task 1. Ask the students to rewrite some sentences of a piece of a student's work with their group members by using the non-finite.

Task 2. After finishing them, ask some to present their work.

教师活动：引导学生以小组为单位，用尽可能多的非谓语结构完成作文改写。最后利用投影展示改编后的句子。

学生活动：小组合作完成作文句子改写。

六、Summary

1.What did you learn in this class?

2.Is there any problem that you have to solve? If any, try to figure it out by asking teachers or students.

教师活动：教师询问学生是否还有疑问的地方，提出来并解决。

学生活动：学生总结这堂课所学知识并反思自己是否掌握这些知识。

范例10 The micro-skills of continuation writing
——How to polish sentences (2)(写作课)

主备人：贺莉　　协备人：李棠　　审核人：胡建雄

一、Teaching goals

Polish students' writing with various sentence structures and vivid description: non-finite verb phrases / absolute structure / adjectives acting as adverbials and the usages of inversions.

二、Teaching key and difficult points

How to apply the four points to their continuation writing.

三、Teaching approach

Task-based approach, and discussion.

四、Teaching instrument

Multimedia teaching.

五、Teaching procedures

Activity 1: Lead-in

Enjoy the pictures and say sth about them.

【设计意图】教师分别展示四幅图，要求学生看图并且用英语句子将图画描述出来，并询问学生能否有更好的表达方式吸引阅卷老师的眼球，然后说出本次的教学内容：How to polish sentences. 让学生看图并且用英语表达，使学生立即融入课堂。

Picture 1

Picture 2

Picture 3

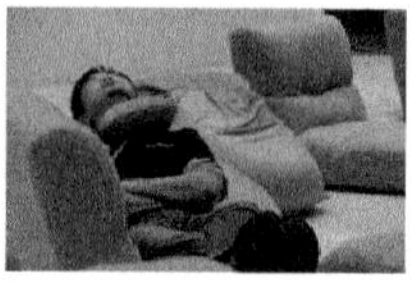

Picture 4

【情境问题】

1. Can you describe each picture with a sentence?

2. Can you catch the teachers' eyes by using these sentences?

预设学生答案

Picture 1: They are sitting on the grass.

改写: They are sitting on the grass, enjoying the splendid nature.

Picture 2: She is crying.

改写: With tears of gratitude rolling down her cheeks, she hugged her mother tightly.

Picture 3:She is walking.

改写:Raining as / though it is, she is going out for a walk.

Picture 4:He is sleeping.

改写:Hungry and exhausted, he fell into a deep sleep in a few seconds.

Activity 2:Interaction between the teacher and students.

【设计意图】抛砖引玉、以点带面让学生熟悉并灵活运用常用的四个语法结构,使学生所写的句子生动、传神、立体。

【情境问题】1.如何运用现在分词短语改写句子?

现在分词短语作状语。He ran forward desperately. He shouted, “Help! Help!”

(Polish them by using a v-ing verb phrase)→

【知识呈现】写作高级句式1:v-ing / v-ed/to do..., 句子。

【演练获得】练习1:幸免于难,他长舒了一口气。

(Translate it by using a v-ing verb phrase)

Escaping death luckily, he breathed a sigh of relief.

【情境问题】2.如何使用独立结构产出高级句子?

教师出示图片,要求学生根据中文完成句子。

__________________(夜幕降临),the boy was sad and sat in the street.

【知识呈现】写作高级句式2:________________, 句子。(With+*n*.+v-ing...)

【演练获得】练习2:His face lit up and his eyes were twinkling.

(Polish it by using absolute structure)

→ His face lit up, his eyes twinkling with excitement.

【情境问题】3.如何巧用形容词产出高级句子?

教师出示两个句子,要求学生运用形容词作状语将两个句子合成一句话。

The lost boy spent three days in the forest. He was cold and hungry.

(Polish them by using adjectives as adverbial)→

【知识呈现】写作高级句式3:____________________, 句子。(*adj*.1+*adj*.2, 句子)。

【演练获得】练习3：又惊又喜，他们对这两位年轻人深表感谢。

（Translate it by using adjectives as adverbial）

Surprised and delighted, they expressed their heartfelt thanks to the two young men.

【情境问题】4. 如何恰如其分地使用倒装句来产出高级句子？

教师出示句子，要求学生运用"as"倒装句改写句子。

The task was hard but I finished it successfully.

（Polish it by using inversion with "as"）

【知识呈现】写作高级句式4：as倒装句句型为：*adj.*/*adj.*+*n.*+as+主语+be/V+...

【演练获得】练习4：Though they met with embarrassing moment, they managed to handle it.（Polish it by using inversion with "as"）→ Embarrassing moment as they met with, they managed to handle it.

Activity 3 : Polishing a paragraph

【设计意图】运用已学技巧让学生对自己的习作进行润色：准确地使用动词和各种形式的状语和倒装句。

教师展示一篇学生习作，要求学生依照所给的四个提示，将习作的第一段进行改写并进行组内讨论。教师巡视，帮助学生解决疑问。

学生每组领取一个任务，各组派一个代表上台板书讨论后的句子，其他小组的学生对黑板上的句子进行评价和修改。

教师评价，出示答案。

（Use the skills we have learned to polish the sentences according to the questions given to you. About 75 words are required.）

The car abruptly stopped in front of him. Mac got down from his bike and asked Paul and Becky in the car for help. They picked him up. In the car, they protected themselves and were scared to death. The wolf roared and left.

（1）Mac got down from his bike and asked Paul and Becky for help.

情景问题：1）How did Mac feel?（use adjectives as adverbials）

2）Did Mac just get down?（use a more vivid verb phrase to replace "get down”)

3)How did he ask them for help?(use a vivid verb to gesture and say a sentence to describe the scene)

The polished sentence is as follows:

Frightened and anxious, Mac rushed down from his bicycle and waved at the people inside the car for help / calling out,“Help! help! A wolf is chasing me.”

(2)They picked him up.

情景问题:1) What was the situation like then?(Use a sentence with inversion as an adverbial)

2) How did they manage to help him into the car? (Three actions take place in succession)

The polished sentence is as follows:

Dangerous as the situation was, Paul and Becky panicked, dashed out immediately and managed to push him into the car in a flash.

(3)They protected themselves and were scared.

情景问题:1)In the car, what might they do to protect themselves?(Describe the actions of their closing doors vividly)

2)What sensory details can we use to describe “they were scared ”? (Use absolute structures as adverbials)

The sentence used to enrich the plot of the story above is as follows:

They hurriedly shut all the doors as hard as possible, legs trembling and throat tightening.

(4)The wolf roared and left.

情景问题:1)Before the sentence, use an v-ing phrase as an adverbial to describe the wolf’s action.

2)Where / How long did the wolf roar? Then did it leave willingly?

The polished sentence is as follows:

Seeing / Witnessing this, the wolf still howled outside the car for some time and then left unwillingly.

The rewritten vivid description of this paragraph may be:

The car abruptly stopped in front of him. Frightened and anxious, Mac rushed down from his bicycle and waved wildly at the people inside the car, calling out, "Help! Help! A wolf is chasing me." Dangerous as the situation was, Paul and Becky panicked, dashed out immediately and managed to push him into the car in a flash. They hurriedly shut all the doors as hard as possible, legs trembling and throat tightening. Seeing this, the wolf still roared outside the car for some time and then left unwillingly.(85 words)

Task 4:Students' self-practice

Activity 4:Consolidation and improvement

教师展示学生习作的第二段,要求学生运用所学知识改写本文段。教师巡视,了解学生写作情况。利用投影,展示学生的作品并评价。教师出示参考答案。

六、Summary and reflection

Activity 5:Students' performance

学生总结本堂课所学知识并反思自己是否掌握这些知识。教师询问学生是否还有疑问的地方，提出来并解决。

1. What did you learn in this class?

2. Is there any problem you have to solve? If any, try to figure them out by turning to your teammates or your teacher.

第四节 物理学科教学设计范例

范例1 滑动摩擦力(新授课)

主备人：刘斌　　协备人：雷源华　　审核人：邝井平

一、教学目标

1.理解滑动摩擦力的产生条件。

2.会判断摩擦力的方向及计算摩擦力的大小。

二、重点难点

滑动摩擦力大小的计算以及方向的判断。

三、教学方法

情景教学法、讨论法、实验法。

四、教学手段

多媒体、展示台。

五、教学过程

任务一 滑动摩擦力的概念

【情景问题】北京2022年冬奥会冰壶比赛场馆水立方已经基本完成“水冰转换”工作，届时中国的冰壶队将值得期待。下图是掷壶队员在滑行中将手中的冰壶掷出时的情景。

问题1. 掷出的冰壶会一直沿冰面滑行吗？

问题2. 是什么原因使冰壶最终停下来？

【设计意图】引出摩擦力的概念。

【知识生成】滑动摩擦力：两个接触的物体在产生________时，在接触面上会产生阻碍________的力，我们把这个力称为滑动摩擦力。

【演练获得】根据情境问题，请思考：（1）冰壶在水平冰面上静止时，受到摩擦力作用吗？（2）冰壶在冰面上滑行过程中受到滑动摩擦力的作用吗？（3）结合定义，分析滑动摩擦力产生的条件是什么？（4）是不是运动的物体才会受到滑动摩擦力的作用，静止的物体不会受到滑动摩擦力？请举例说明。

【设计意图】通过提问的方式引导学生归纳总结滑动摩擦力产生的条件。

【归纳总结】滑动摩擦力的产生条件：（1）两物体相互接触，且接触面不光滑；（2）两物体相互挤压；（3）两物体间有相对运动。

【拓展提升】（多选）关于相互接触的两个物体之间的弹力和滑动摩擦力，下列说法正确的是（　）

A.有弹力必有滑动摩擦力

B.有滑动摩擦力必有弹力

C.静止的物体也可能受到滑动摩擦力的作用

D.静止的物体不可能受到滑动摩擦力的作用

【设计意图】让学生明白弹力和摩擦力的关系及理解相对运动这个条件。

任务二　滑动摩擦力的方向

【情景问题】如图所示，在生活中，有很多的方面用到毛刷，如洗衣服的毛刷，扫地毛刷，牙刷等。现用一毛刷刷一木板。

问题1.如何理解相对运动与运动？

问题2.滑动摩擦力的方向与相对运动及运动方向有什么关系？

问题3.滑动摩擦力的方向与弹力方向是什么关系？

【设计意图】通过毛刷中毛的摆动方向理解滑动摩擦力的方向与相对运动及运动方向的关系。

【知识呈现】滑动摩擦力的方向总是与物体的_____向相反。滑动摩擦力可能与物体的运动方向_____，成为物体的_____，也可能与物体的运动方向_____，成为物体的_____。

【演练获得】如图所示，水平面光滑，A、B接触面粗糙，B的速度v_2大于A的速度v_1，画出A、B所受滑动摩擦力的方向。

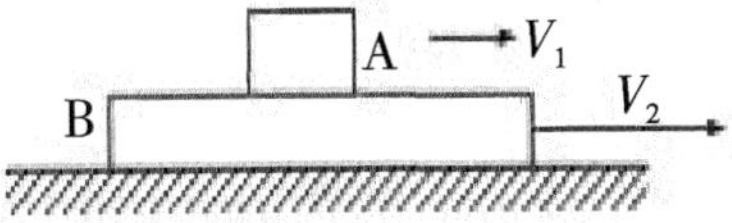

【设计意图】理解速度不同物体相对运动的方向及所受摩擦力的方向。

【归纳总结】滑动摩擦力的方向：滑动摩擦力的方向总是沿着接触面，与接触面相切，跟物体相对运动的方向相反。滑动摩擦力可能与物体的运动方向相同成为物体的动力，也可能与物体的运动方向相反，成为物体的阻力。

【拓展提升】（1）例题中，若B的速度v_2小于A的速度v_1，画出A、B所受滑动摩擦力的方向。（2）例题中，若B的速度v_2等于A的速度v_1，画出A、B所受滑动摩擦力方向。

【设计意图】进一步理解速度不同物体相对运动的方向及所受摩擦力的方向。

任务三　滑动摩擦力大小

【情况问题】问题：如何测滑动摩擦力大小？猜想：影响滑动摩擦力大小的因素是什么？

方案设计：

方案一：

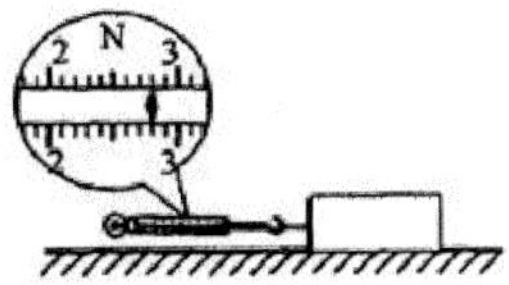

原理：二力平衡。

注意：一定要使物体匀速运动。

方案二：

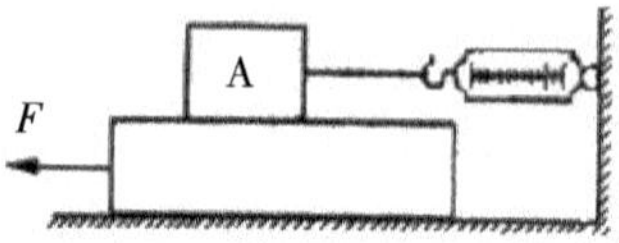

原理：二力平衡

问：一定要使木板匀速运动吗？哪种方案更好？（方案二）

实验探究：（1）滑动摩擦力与接触面材料的关系。（2）滑动摩擦力与接触面积的关系。（3）滑动摩擦力与相对速度的关系。（4）滑动摩擦力与压力的关系。

【知识呈现】滑动摩擦力的大小跟压力（不能说成重力）成正比。

【演练获得】关于动摩擦因数，下列说法正确的是（　）

A.两物体接触面的压力越大，动摩擦因数越大

B.两物体间的滑动摩擦力越大，动摩擦因数越大

C.两物体间的动摩擦因数与滑动摩擦力成正比，与两物体间的压力成反比

D.两物体间的动摩擦因数是由两物体的材料和接触面的粗糙程度决定的，与滑动摩擦力和压力无关

【设计意图】理解动摩擦因数。

【归纳总结】滑动摩擦力的大小跟压力（不能说成重力）成正比，即 $F = \mu F_N$。

μ 是比例常数，没有单位，叫动摩擦因数，μ 的大小跟两接触物体的材料及接触面的情况（如粗糙程度）有关。

【拓展提升】质量为3.0 kg的空木箱，放置在水平地面上，沿水平方向施加拉力，当拉力 F = 10.3 N时，木箱做匀速运动，（g取9.8 N/kg）求：（1）木箱与地面间的动摩擦因数；（2）木箱在12.0 N水平拉力作用下，受到的摩擦力的大小。

【设计意图】熟悉公式和理解滑动摩擦力大小与相对速度大小无关。

范例2 电场能的性质(第2课时)(复习课)

主备人：李海兵 协备人：雷华平 审核人：彭卫华

一、教学目标

1.理解匀强电场中电势差与电场强度的定量关系。

2.掌握电场力做功的几种方法，掌握电场力做功与电势能变化的关系，会分析包括电场力在内的多种力做功的功能关系计算问题。

二、重点难点

重点：应用公式计算相关的问题。

难点：理解公式中d的含义。包括电场力在内的多种力做功的功能关系计算问题。

三、教学方法

归纳法，讲练结合法，限时训练巩固提升法。

四、教学手段

PPT，学案。

五、教学过程

任务一 电势差与电场强度的关系

【演练获得】下列说法正确的是（ ）

A.公式$E=\frac{F}{q}$适用于求一切电场中某点的电场强度

B.公式$E=\frac{F}{q}$只适用于求真空中某点的电场强度

C.公式$E=k\frac{Q}{r^2}$适用于一切点电荷周围某点的电场强度

D.公式$E=\frac{U}{d}$适用于求匀强电场的电场强度，d表示匀强电场中任意两点间的距离

【设计意图】通过对$E=\frac{F}{q}$、$E=k\frac{Q}{r^2}$、$E=\frac{U}{d}$三个计算式的适用范围及条件的判断与理解，引出并复习匀强电场中电势差与电场强度的关系，即$U=Ed$。

【归纳总结】在匀强电场中，沿场强方向的两点间的电势差等于______

1.表达式：$U=$____或：$E=$____（d为________）

在匀强电场中，场强在数值上等于______________

2.注意：$U=Ed$和$E=U/d$的适用条件是：______________

3.单位关系：1 V/m =1 N/C。

【巩固提升】匀强电场$E=3\times10^2$ N/C，AB=5 cm，θ=37°，求U_{AB}。

【设计意图】（1）熟悉公式$U=Ed$；（2）让学生通过解题，在应用中真正理解d的含义。

任务二　应用

【演练获得】

1.（定性分析）如图，a、b、c是由正点电荷形成的电场中一条电场线上的三个点，已知$ab=bc$，a、b两点间电压为10V，则b、c两点间电压（　）

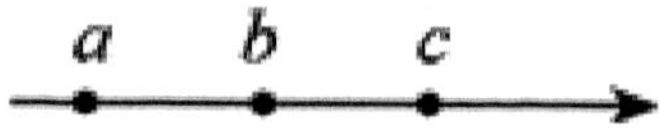

A.等于10 V　　B.大于10 V

C.小于10 V　　D.条件不足，无法判断

2.（定量分析）（多选）如图所示，在匀强电场中有边长$L=\sqrt{3}$ cm、∠A=60°的菱形$ABCD$，场强方向平行于$ABCD$平面，已知A、B、C点电势分别为9 V、4.5 V、0 V，则下列说法中正确的是（　　）

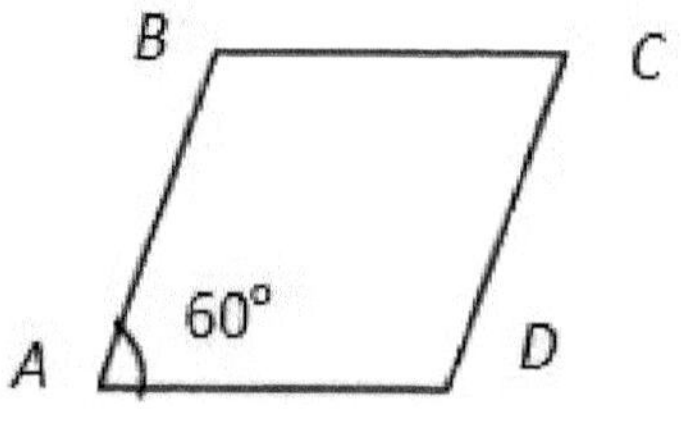

A.D点电势大小为4.5 V

B.D点电势大小为3 V

C.匀强电场场强大小为150 V/m，场强方向沿BD

D.匀强电场场强大小为300 V/m，场强方向沿AC

【设计意图】（1）例2是说明$U=Ed$在非匀强电场中作定性分析的妙

用。（2）通过例3的解决，引出并复习匀强电场中的两个推论，以及对给出匀强电场几个点的电势值，判定电场方向和电场强度大小，总结出一般的解题步骤。这类问题高考中常出现。（3）此两题较基础，但又能引出及归纳出要复习的知识点及方法。

【归纳总结】匀强电场中电势差与电场强度的关系。

1.$U_{AB}=Ed$，d为A、B两点沿电场方向的距离。

2.沿电场强度方向电势降落得最快。

3.在匀强电场中$U=Ed$，即在沿电场线方向上，$U\propto d$。推论如下：

①如图甲，C点为线段AB的中点，则有$\varphi_C=$______。

②如图乙，$AB/\!/CD$，且$AB=CD$，则$U_{AB}=U_{CD}$。

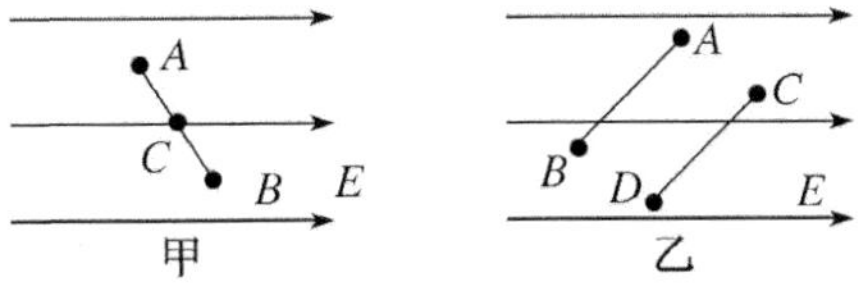

【巩固提高】

1.（多选）如下列选项所示，A、B、C是匀强电场中平行于电场线的某一平面上的三个点，各点的电势分别为$\varphi_A=5\text{ V}$，$\varphi_B=2\text{ V}$，$\varphi_C=3\text{ V}$，H、F三等分AB，G为AC的中点，则能正确表示该电场强度方向的是（　　）

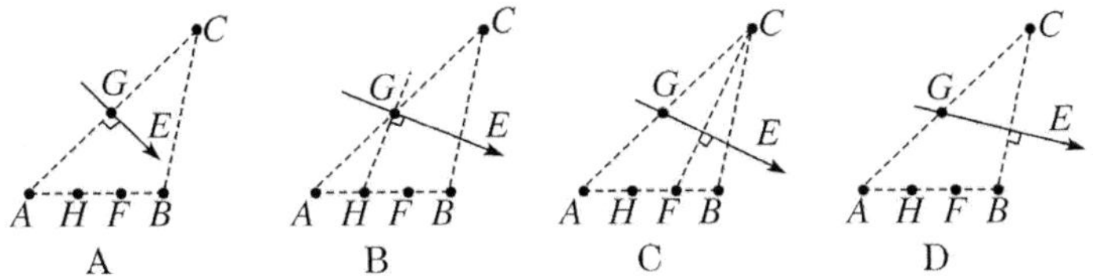

2.（多选）（2017·全国卷Ⅲ）一匀强电场的方向平行于xOy平面，平面内a、b、c三点的位置如图所示，三点的电势分别为10 V、17 V、26 V。下列说法正确的是（　　）

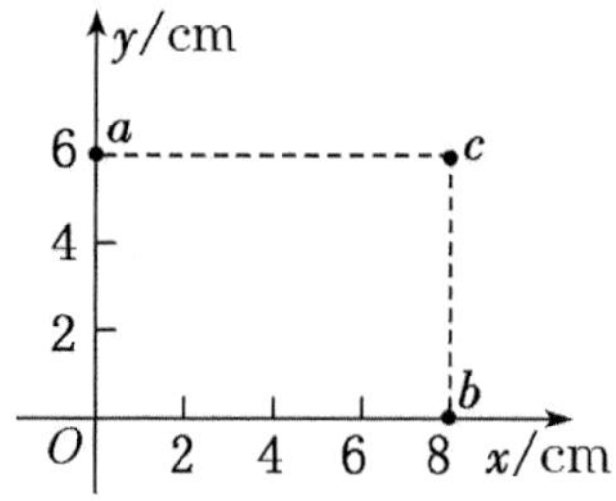

A. 电场强度的大小为2.5 V/cm

B. 坐标原点处的电势为1 V

C. 电子在a点的电势能比在b点的低7 eV

D. 电子从b点运动到c点，电场力做功为9 eV

【设计意图】（1）让学生熟悉高考真题，并运用刚复习的知识和方法可以轻松地解决它，从而提高信心。（2）通过真题进一步让学生掌握此类题型的解题方法，达到巩固提升的目的。

任务三　电场中的功能关系

【演练获得】如图所示，匀强电场沿水平方向，其中有三点A、B、C构成一个直角三角形，AB与电场线平行，且$AB = 4$ cm，AC连线和场强方向成37°角。已知电量为$q= - 2.0\times10^{-8}$C的电荷在A点时受到的电场力大小$F=8.0\times10^{-6}$N，方向水平向左，求：

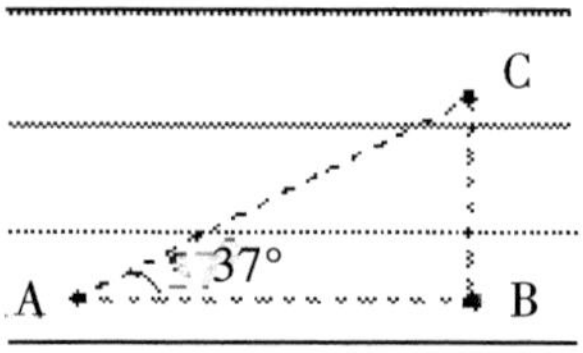

（1）匀强电场的场强？

（2）A、B两点间的电势差U_{AB}？

（3）把上述电荷从A移到C电场力所做的功？（sin37°=0.6，cos37°=0.8）

【设计意图】此题比较基础，学生易于理解、接受。虽易，却可通过它引出电场力做功的问题，并归纳复习电场做功的计算方法。

【归纳总结】

电场力做功的计算	四种方法： 功的定义法 $W=qEl\cos\alpha$ 电势差法 $W_{AB}=qU_{AB}$ 电势能法 $W_{AB}=E_{pA}-E_{pB}$ 动能定理法 $W_{电场力}+W_{其他}=\Delta E_k$
电场中的功能关系	(1)电场力做正功,电势能减少,电场力做负功,电势能增加,即:$W=-\Delta E_p$ (2)如果只有电场力做功,则动能和电势能之间相互转化,二者总和不变,即:$\Delta E_k=-\Delta E_p$

【巩固提高】（2015课标Ⅱ，24，12分）如图,一质量为m、电荷量为q（q>0）的粒子在匀强电场中运动，A、B为其运动轨迹上的两点。已知该粒子在A点的速度大小为v_0，方向与电场方向的夹角为60°；它运动到B点时速度方向与电场方向的夹角为30°。不计重力。求A、B两点间的电势差。

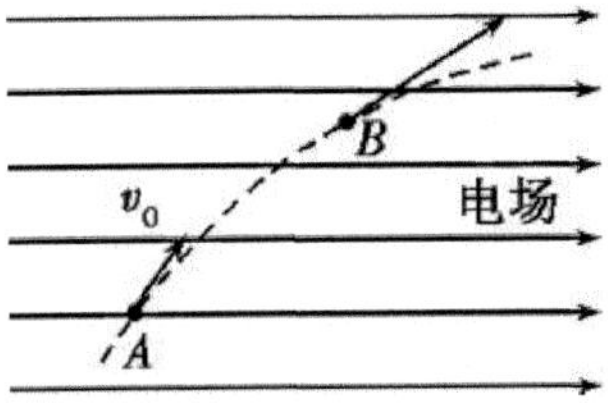

【设计意图】（1）例题是用$W=Uq$来求，此题是应用动能定理来求，让学生熟悉各种方法。（2）此题要应用速度的分解与动能定理，这也是对前面所复习知识的灵活应用，达到常用常熟而不忘的目的。

第五节　化学学科教学设计范例

范例1　沉淀溶解平衡和溶度积（新授课）

主备人：陈爱武　　协备人：郭英　　审核人：郑小宝

一、教学目标

1.掌握溶解平衡的建立。

2.掌握影响溶解平衡的因素。

3.掌握有关溶度积的计算。

二、重点难点

影响沉淀溶解平衡的因素。

三、教学方法

讨论、归纳。

四、教学手段

多媒体课件。

五、教学过程

【实验引入】大家都知道AgCl不溶于硝酸，那在硝酸银溶液中加入过量的氯化钠后，溶液中是否还存在Ag^+呢？在上层清液中加入KI会看到什么现象？说明了什么？

【情境问题】问题1：试描述沉淀溶解平衡的建立过程（以AgCl为例）。

【设计意图】让学生根据化学平衡的建立过程迁移到溶解平衡的过程建立。

【知识呈现】一方面在水分子作用下，少量Ag^+和Cl^-脱离AgCl的表面溶入水中；另一方面溶液中Ag^+和Cl^-受AgCl表面阴阳离子的吸引回到AgCl

表面，析出AgCl沉淀。

【情境问题】问题2：试通过图象分析沉淀溶解平衡具有哪些重要的特征？

【设计意图】学生可根据化学平衡的特征“逆、等、动、定、变”而思考得到沉淀溶解平衡的特征。

【知识呈现】总结：沉淀溶解平衡的特征。

逆：是可逆反应

等：$v_{溶解}=v_{沉淀}$

定：条件不变，平衡不移动

动：$v_{溶解}=v_{沉淀}\neq 0$

变：条件改变，平衡打破，平衡将发生移动。

【情境问题】问题3：难溶电解质与物质溶解度的关系如何？

【设计意图】让学生对“难溶解电解质才有K_{sp}、易溶解电解质无K_{sp}”在沉淀溶解及生成的教学中，掌握答题的方向及模板。

【知识呈现】20 ℃时，溶解度：大于10 g，易溶；1 ~ 10 g，可溶；0.01 ~ 1 g，微溶；小于0.01 g，难溶。

当溶液中残留的离子浓度小于1×10^{-5} mol/L时，沉淀就达到完全。

【情境问题】问题4：试写出AgCl的溶解平衡方程式和K的表达式。（小结）

$AgCl(s) \rightleftharpoons Ag^+(aq) + Cl^-(aq)$；$K_{sp}=c(Ag^+)\cdot c(Cl^-)$

【设计意图】实现学生从写一个方程的平衡常数表达式到写出各种类型的溶解平衡常数的表达式做知识铺垫。

【知识呈现】对于一般难溶电解质：$A_mB_n(s) \rightleftharpoons mA^{n+}(aq) + nB^{m-}(aq)$；$K_{sp,AmBn}=[A^{m+}]^n\cdot[B^{n-}]^m$

注意：K_{sp}与其他化学平衡常数一样，只与难溶性电解质的性质和温度______有关。

【情境问题】问题5：难溶电解质的溶度积K_{sp}越小，在水中溶解度是不是一定也越小？

难溶物	K_{sp}表达式	K_{sp}值	溶解度(g)
AgCl	$K_{sp}=c(Ag^+)\cdot c(Cl^-)$	$K_{sp}=1.8\times10^{-8}mol^2\cdot L^{-2}$	1.8×10^{-4}
AgBr	$K_{sp}=c(Ag^+)\cdot c(Br^-)$	$K_{sp}=5.0\times10^{-13}mol^2\cdot L^{-2}$	8.4×10^{-6}
AgI	$K_{sp}=c(Ag^+)\cdot c(I^-)$	$K_{sp}=8.8\times10^{-17}mol^2\cdot L^{-2}$	2.1×10^{-7}
$Mg(OH)_2$	$K_{sp}=c(Mg^{2+})\cdot c^2(OH^-)$	$K_{sp}=5.6\times10^{-12}mol^3\cdot L^{-3}$	6.5×10^{-3}
$Cu(OH)_2$	$K_{sp}=c(Cu^{2+})\cdot c^2(OH^-)$	$K_{sp}=2.2\times10^{-20}mol^3\cdot L^{-3}$	1.7×10^{-5}

【设计意图】不能简单机械地从K_{sp}大小来判断溶解度的大小。

【知识呈现】对同一类型的难溶电解质而言，K_{sp}越小,在水中的溶解度也越小。

【情境问题】问题6：影响沉淀溶解平衡的因素有哪些？对于平衡$Cu(OH)_2(s) \rightleftharpoons Cu^{2+}(aq) + 2OH^-(aq)$改变哪些条件，平衡发生移动？

改变条件	平衡移动方向	$c(Cu^{2+})$	$c(OH^-)$	K_{sp}
升温	→	↑	↑	↑
加水	→	不变	不变	不变
加NaOH(s)	←	↓	↑	不变
加$CuCl_2$(s)	←	↑	↓	不变
加Na_2S(s)	→	↓	↑	不变
加$Cu(OH)_2$(s)	不变	不变	不变	不变
加盐酸	→	↑	↓	不变

【设计意图】既是对化学平衡移动的巩固，又是在新知中的具体应用。

【知识呈现】（1）内因：电解质本身的性质。（2）外因：遵循平衡移动原理，如浓度、温度、同离子效应等。① 浓度（加水）；② 升高温度；③ 同离子效应；④加入可与体系中某些离子反应生成更难溶物质或更难电离的离子，使平衡向正方向移动。

【演练获得】对AgCl（s）$\rightleftharpoons$ Ag^+（aq）+ Cl^-（aq）的理解正确的是（ ）

A.AgCl没有完全电离，AgCl是弱电解质

B.溶解的AgCl已完全电离，AgCl是强电解质

C.Ag^+与Cl^-的反应不能完全进行到底

D.Ag^+与Cl^-的反应可以完全进行到底

【设计意图】对溶解平衡中"f"的含义进行强调。

【归纳总结】在溶解平衡中，"f"代表溶解平衡，而不是电离平衡。

【拓展提升】巩固1. 溶度积常数表达式符合$K_{sp}=[c(A^{x+})]^2 \cdot c(B^{y-})$的是（ C ）

A.$AgCl(s) \rightleftharpoons Ag^+(aq)+Cl^-(aq)$

B.$Na_2S=2Na^++S^{2-}$

C.$Ag_2S(s) \rightleftharpoons 2Ag^+(aq)+S^{2-}(aq)$

D.$PbI_2(s) \rightleftharpoons Pb^{2+}(aq)+2I^-(aq)$

巩固2. 在相同的温度下AgCl在下列液体中溶解度由大到小的顺序是：________。

①纯水；②0.1 mol/L $AgNO_3$溶液；③0.1 mol/L NaCl溶液；④0.1 mol/L 氨水溶液

六、课堂小结

1.溶解平衡的建立：（1）建立________；（2）特征________；（3）移动________。

2.K_{sp}的应用：（1）表达式________；（2）含义________。

范例2 平衡常数(复习课)

主备人：郑小宝　　协备人：郭英　　审核人：罗江中

一、教学目标

1.掌握平衡常数的基本概念。

2.掌握平衡常数基本计算。

二、重点难点

平衡常数的运用。

三、教学方法

讨论、归纳。

四、教学手段

多媒体课件。

五、教学过程

【情景问题】Fe_3O_4（s）+4H_2（g）$\rightleftharpoons$3Fe（s）+4H_2O（g），在一定温度下，化学平衡常数表达式为____________________。

【设计意图】通过情景问题引导学生复习平衡常数的表达式。

【知识呈现】平衡常数的书写规则。

任务一　平衡常数概念及计算

【演练获得】

例1. 在一定条件下，向密闭容器中充入CO和水蒸气，使其反应，当反应CO（g）+H_2O（g）$\rightleftharpoons$$CO_2$（g）+$H_2$（g）到达平衡时，$K_1$为49，则该条件下：$CO_2$（g）+$H_2$$\rightleftharpoons$CO（g）+$H_2O$（g）的平衡常数$K_2$为__________，反应$\frac{1}{2}$CO（g）+$\frac{1}{2}$$H_2O$（g）$\rightleftharpoons$$\frac{1}{2}$$CO_2$（g）+$\frac{1}{2}$$H_2$（g）的平衡常数$K_3$为__________。

例2. 在体积为1 L的密闭容器中，进行如下化学反应：CO_2(g)+H_2(g)$\rightleftharpoons$CO(g)+H_2O(g)，化学平衡常数K与温度T的关系如下表：

T/℃	700	800	850	1 000	1 200
K	0.6	0.9	1.0	1.7	2.6

回答下列问题：(1）升高温度，化学平衡向__________（填“正反应”或“逆反应”）方向移动。(2）若某温度下，平衡浓度符合下列关系：c（CO_2）·c（H_2）=c（CO）·c（H_2O），此时的温度为__________；在此温度下，若该容器中含有1 mol CO_2、1.2 mol H_2、0.75 mol CO、1.5 mol

H_2O，则此时反应所处的状态为__________（填“向正反应方向进行中”“向逆反应方向进行中”或“平衡状态”）。

【设计意图】通过学生对化学平衡常数的计算，使得学生可以判断反应进行的方向。

【归纳总结】（1）化学平衡常数表达式与化学方程式的书写方式有关。方程式倒着写，化学平衡常数为$1/K$。（2）平衡常数只是温度的函数，只随温度的改变而改变。

【拓展提升】

提升1.$\frac{1}{2}H_2$（g）+$\frac{1}{2}X_2$（g）$\rightleftharpoons$HX（g）的平衡常数为10。若将1.0 mol的HX（g）通入体积为1.0 L的密闭容器中，在该温度时HX（g）的最大分解率接近于（ ）

A.5%　B.17%　C.25%　D.33%

提升2.将固体NH_4I置于密闭容器中，在一定温度下发生下列反应：①NH_4I（s）$\rightleftharpoons NH_3$（g）+HI（g），②2HI（g）$\rightleftharpoons H_2$（g）+I_2（g）。达到平衡时，c（H_2）=0.5 $mol \cdot L^{-1}$，c（HI）=4 $mol \cdot L^{-1}$，则此温度下反应①的平衡常数为____。

A.9　B.16　C.20　D.25

提升3.（高考）研究氮氧化物与悬浮在大气中海盐粒子的相互作用时，涉及如下反应：$2NO_2$（g）+NaCl（s）$\rightleftharpoons NaNO_3$（s）+ClNO（g） K_1　$\Delta H<0$　（I）

2NO（g）+Cl_2（g）$\rightleftharpoons$2ClNO（g）　K_2　$\Delta H<0$　（Ⅱ）

（1）$4NO_2$（g）+2NaCl（s）$\rightleftharpoons 2NaNO_3$（s）+2NO（g）+$Cl_2$（g）的平衡常数$K$=________。

（用K_1、K_2表示）。

（2）为研究不同条件对反应（Ⅱ）的影响，在恒温条件下，向2 L恒容密闭容器中加入0.2 mol NO和0.1 mol Cl_2，10 min时反应（Ⅱ）达到平衡。

测得10 min内v（ClNO）$=7.5\times10^{-3}$ mol·L^{-1}·min^{-1}，则平衡后$n(Cl_2)$ =___mol，NO的转化率α_1=____。其他条件保持不变，反应（Ⅱ）在恒压条件下进行，平衡时NO的转化率α_2___α_1（填“>”“<”或“=”），平衡常数K_2____（填“增大”“减小”或“不变”）。若要使K_2减小，可采用的措施是________。

【设计意图】帮助学生复习化学平衡计算中三步法的运用，使学生复习有条理性。

任务二　电离常数、水的离子积及水解常数概念及计算

【知识呈现】

1.水的离子积常数的数学表达式K_w=________________。

2.CH_3COOH的电离平衡常数的表达式K_a=________________。

3.CH_3COONa溶液中CH_3COO^-的水解常数K_h=________________。

【拓展】CH_3COOH的电离平衡常数K_a与CH_3COONa的水解常数K_h的关系________。

【演练获得】

例3.部分弱酸的电离平衡常数如下表：

弱酸	HCOOH	HCN	H_2CO_3
电离平衡常数(25℃)	$K_i=1.77\times10^{-4}$	$K_i=4.9\times10^{-10}$	$K_{i1}=4.3\times10^{-7}$ $K_{i2}=5.6\times10^{-11}$

下列选项错误的是（　）

A.$2CN^- + H_2O + CO_2=2HCN + CO_3^{2-}$

B.$2HCOOH + CO_3^{2-}=2HCOO^- + H_2O + CO_2\uparrow$

C.相同浓度的$NaHCO_3$溶液和NaCN溶液，pH前者小于后者

D.结合质子的能力$HCOO^- < HCO_3^-$

【设计意图】通过比较K值，学生可以判断弱酸的强弱以及由此可以进行灵活运用。

【拓展提升】

提升4.室温下向10 mL pH=3的醋酸溶液中加水稀释后，下列说法正确的是（　）

A.溶液中导电粒子的粒子数减少

B.溶液中的 $\frac{c(CH_3COO^-)}{c(CH_3COOH)\cdot c(OH^-)}$ 不变

C.醋酸的电离程度增大，c（H^+）增大

D.再加入 10 mL pH=11 的 NaOH 溶液，混合液 pH=7

提升5.（高考）25 ℃时，$H_2SO_3 \rightleftharpoons HSO_3^- + H^+$的电离常数$K_a$=1×$10^{-2}$mol/L，则该温度下$NaHSO_3$的水解平衡常数$K_h$=__________ mol/L。

【设计意图】加强学生对K的运用，提升基本计算能力。

六、课堂小结

1.平衡常数的书写规则。

2.电离常数、水的离子积及水解常数概念及计算。

第六节　生物学科教学设计范例

范例1　果酒和果醋的制作（新授课）

主备人：李嘉兰　　协备人：李久生　　审核人：李文雄

一、教学目标

1.掌握果酒和果醋的制作原理和方法，培养实验设计及结果分析的努力。

2.知道检测果酒和果醋的方法。

3.关注生物技术发展，体验果酒、果醋制作的乐趣和艰辛，学会与人分享。

二、重点难点

1.掌握果酒和果醋的制作原理和方法（重点）。

2.果酒、果醋实验流程的设计（难点）。

3.果酒、果醋制作中发酵条件的控制（难点）。

三、教学方法

探究法、归纳法、讲述法。

四、教学手段

多媒体辅助教学。

五、教学过程

【课题导入】播放广告视频（或投影一副有许多葡萄和一杯装有红葡萄酒的高脚玻璃杯的图片）。由广告中出现的果酒和果醋，询问同学们，你们品尝过葡萄酒，苹果酒吗？它们的味道有什么不同？它们有什么作用呢？

本节课，我们共同来探讨传统发酵技术的应用之一《果酒和果醋的制作》。

【设计意图】将学习内容与学生的感官结合，使之获得直接经验，增强对学习的兴趣。

任务一　传统发酵技术的概念

【情境问题】实际上，酿酒早在五千多年就有了，而且我们中华民族的酒文化历史悠久，源远流长。请同学共同朗读古诗："葡萄美酒夜光杯，欲饮琵琶马上催……"这是唐朝诗人王翰《凉州词》中提及的葡萄酒，但当时的人们并不清楚其制作的原理，这其中的奥妙是被谁发现的？

【设计意图】创设情境问题，激发探究兴趣；知道发酵的概念。

【知识呈现】发酵是指通过微生物的培养来大量生产各种代谢产物的过程，根据氧气需求情况分为需氧发酵（如醋酸发酵）和厌氧发酵（如酒精发酵）。狭义的发酵就是指微生物的无氧呼吸。

【演练获得】利用酵母菌发酵生产酒精时，投放的适宜原料和生产酒精阶段要控制的必要条件分别是（　）

A.玉米粉和有氧　　B.大豆粉和有氧

C.玉米粉和无氧　　D.大豆粉和无氧

【设计意图】过渡，与任务二的知识点衔接。

【归纳总结】酒精发酵是利用酵母通过无氧呼吸将葡萄糖分解成酒精。

【拓展提升】醋酸菌的代谢类型是________；酵母菌的代谢类型是________。

【设计意图】通过发酵的类型探讨微生物的代谢类型，若学生回答不出，恰好也为任务二埋下问题的伏笔。

任务二 果酒、果醋的制作原理

【情境问题】阅读教材第2至第3页第3段，讨论以下三个问题:

问题1.果酒、果醋的制作分别涉及哪种微生物？两种微生物有什么区别？（投影：酵母菌和醋酸菌的比较表）

项目	酵母菌	醋酸菌
生物类型	真核生物	原核生物
代谢类型	异养兼性厌氧型	异养需氧型
适宜温度	18 ~ 25 ℃	30 ~ 35 ℃
生殖方式	出芽生殖	分裂生殖

问题2.果酒的制作原理是什么？

问题3.果醋的制作原理是什么？

【设计意图】掌握果酒、果醋制作的基本知识，通过引导学生对旧经验、旧知识回忆对比；通过掌握制作的基础知识，为接下来的实验开展打下基础。

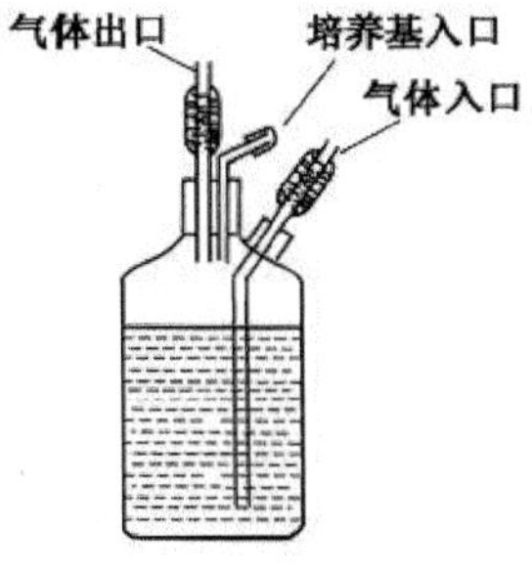

【知识呈现】有氧呼吸：$C_6H_{12}O_6+6O_2 \rightarrow 6CO_2+6H_2O$；酒精发酵：$C_6H_{12}O_6 \rightarrow 2C_2H_5OH+6CO_2$；果醋发酵：$C_2H_5OH+ O_2 \rightarrow CH_3COOH+H_2O$

【演练获得】（2017·江苏卷）下图是探究果酒与果醋发酵的装置示意图。下列相关叙述正确的是（　）

A.改变通入气体种类，可以研究呼吸作用类型对发酵的影响

B.果酒发酵中期通入氮气，酵母菌将从有氧呼吸转变为无氧呼吸

C.果醋的发酵周期与实验设定的温度密切相关

D.气体入口与气体出口可以交换使用

【设计意图】结合制作原理，分析此装置的设计以此来检验学生的思辨能力。

【拓展提升】如何设计一个装置，实现对发酵的情况进行及时监测？

任务三　探究果酒、果醋的实验设计

【情境问题】

问题1.制作果酒、果醋流程包括哪几个步骤？分小组讨论，请一代表上讲台写出流程图。

问题2.如何设计简易发酵装置？投影：发酵装置图，并提问。

果酒的发酵装置示意图

（1）右边装置与左边相比优越性体现在哪些方面？

（2）排气口、充气口、出口料各有什么作用？

（3）为什么排气口要通过长而弯曲的胶管与瓶身连接？

问题3. 如何防止发酵液被污染？

问题4. 如何控制好发酵条件？

【设计意图】使学生认同科学研究成功的要素——探究精神、理性思维、技术手段的支持。

【知识呈现】果酒和果醋发酵装置。

【演练获得】果酒、果醋的制作过程中发酵条件的控制至关重要，下列相关措施正确的是（ ）

A. 葡萄汁装入发酵瓶时，要留大约1/5的空间

B. 在葡萄酒发酵过程中，每隔一段时间完全打开瓶盖一次，放出CO_2

C. 先供氧进行果醋发酵，然后隔绝空气进行果酒发酵

D. 在果醋发酵过程中，要适时通过通气口充气，有利于醋酸菌的代谢

【设计意图】使学生能够灵活运用生物学知识，解决生活生产问题。

【归纳总结】（1）1/3留余空间用于酵母菌的生长繁殖；（2）开瓶为放出发酵时产生的气体；（3）果酒通气进行果醋发酵，需氧。

【拓展提升】在发酵条件的控制中，错误的是（ ）

A. 葡萄汁装入发酵瓶中，要留有约1/3的空间

B. 要想一次得到较多的果酒，在葡萄汁装入发酵瓶时要将瓶装满

C. 控制葡萄酒过程中，除在适宜的条件下，时间应控制在10 ~ 12 d

D. 制葡萄醋的温度要比制葡萄酒温度高些，但时间一般控制在7 ~ 8 d

六、课堂小结

1. 果酒果醋发酵的原理。

2. 材料的选择与处理。

3. 控制好发酵的条件。

范例2 孟德尔的豌豆杂交实验(二)(第一课时)(复习课)

主备人：高鹏　　协备人：周超　　审核人：李文雄

一、教学目标

1.基因的自由组合定律的实质分析。

2.基因的分离定律与自由组合定律的关系。

3.基因的自由组合定律的验证方法。

二、重点难点

基因的自由组合定律的实质分析。

三、教学方法

自主探究法、分析归纳法、总结反思法。

四、教学手段

情景教学法、讨论法。

五、教学过程

【知识呈现】（1）读记必备知识语句（课前5分钟朗读背诵）；（2）抽查读背情况并展示核心概念（通过图片或判断题形式等）。

【设计意图】要求学生课前翻阅教材完成《三维设计》必备知识·自学区。课堂上再次强调该内容既能检验学生对教材基本概念、原理的掌握程度，又能巩固学生对基础知识的记忆。

任务一　两对性状杂交实验过程分析

【演练获得】

例1. 根据实验内容书写相关遗传系谱图

P　YYRR（黄圆）×yyrr（绿皱）

↓

F_1　YyRr（黄圆）

↓

F_2 Y_R_（黄圆）　Y_rr（黄皱）　yyR_（绿圆）　yyrr（绿皱）

9 : 3 : 3 : 1

1YYRR 1YYrr 1yyRR 1yyrr

2YyRR 2Yyrr 2yyRr

2YYRr

4YyRr

纯合子所占比例________ 杂合子所占比例________

重组类型所占比例________ 亲本类型所占比例________

【设计意图】(1) 本考点的内容用遗传系谱图演绎突破，既能让学生掌握整个实验过程，又能训练学生建模能力，因为构建系谱图模型是解遗传题的重要方法。(2) 教学过程中A层班不用给提示，直接书写全过程，B层班根据相关提示，进行设问，让学生填空。

【归纳总结】(1) 遗传系谱图的正确书写（符号、基因型、表现型及比例）。

(2) 理解重组类型的内涵及常见错误：①重组类型的含义，指F_2中表现型与亲本不同的个体，而不是基因型与亲本不同的个体。②含两对相对性状的纯合亲本杂交，F_2中重组类型所占比例并不都是6/16 。

【设计意图】针对学生书写的遗传系谱图或填空内容进行指正点评后及时归纳小结可让学生更好的理解掌握相关知识，达到较好的教学效果。

【拓展提升】

巩固1.在孟德尔两对相对性状杂交实验中，F_1黄色圆粒豌豆（YyRr）自交产生F_2。下列表述正确的是（ ）

A.F_1产生4种精子，比例为1∶1∶1∶1

B.F_1可产生基因型为Yy的卵细胞

C.基因自由组合定律的实质指F_1产生的雌雄配子随机结合

D.F_2中黄色圆粒豌豆约占3/16

任务二 自由组合定律的实质及细胞学基础

【演练获得】

例2.（多选）如图为某植株自交产生后代的过程示意图，下列描述错

误的是（ ）

A.A、a与B、b的自由组合发生在②过程

B.②过程发生雌、雄配子的随机结合

C.M、N、P分别代表16、9、3

D.该植株测交后代性状分离比为1∶1∶1∶1

【问题探讨】是不是所有的非等位基因都遵循自由组合定律？

A（a）与D（d）位于______上，____基因的自由组合定律

A（a）与C（c）位于______上，_____基因的自由组合定律

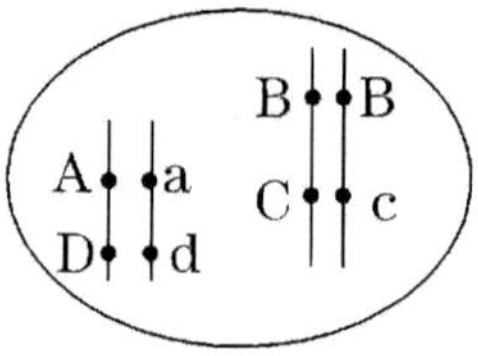

【设计意图】（1）通过例题与问题的设置激发学生认知冲突，联系自由组合定律与减数分裂染色体行为，明确自由组合定律的实质和范围。（2）A层班：思考讨论回答例2及【问题探讨】中的相关问题并归纳小结其实质与细胞学基础；B层班：教师可先做出相关提示和思路，再让学生分析问题并归纳。

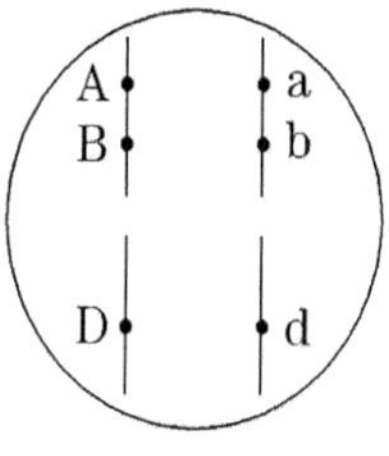

【拓展提升】

巩固2.已知三对基因在染色体上的位置情况如图所示，且三对基因分别单独控制三对相对性状，则下列说法正确的是（ ）

A.三对基因的遗传遵循基因的自由组合定律

B.基因型为AaDd的个体与基因型为aaDd的个体杂交后代会出现4种表现型，比例为3∶3∶1∶1

C.如果基因型为AaBb的个体在产生配子时没有发生交叉互换，则它只产生4种配子

D.基因型为AaBb的个体自交后代会出现4种表现型，比例为9:3:3:1

【设计意图】该题涉及连锁与自由组合，很好地考查了本考点的相关知识，但又涉及了后面的相关计算，具有较强综合性，可根据学生的具体情况，可对该题进行不同处理。

任务三 自由组合定律的实验验证方法

例3.（多选）某单子叶植物非糯性（A）对糯性（a）为显性，叶片抗病（T）对易染病（t）为显性，花粉粒长形（D）对圆形（d）为显性，三对等位基因分别位于三对同源染色体上，非糯性花粉遇碘液变蓝，糯性花粉遇碘液为棕色。现有四种纯合子，其基因型分别为：①AATTdd，②AAttDD，③AAttdd，④aattdd，下列说法正确的是（　　）

A.若采用花粉鉴定法验证基因的分离定律，应选择亲本①和③杂交

B.若采用花粉鉴定法验证基因的自由组合定律，可以选择亲本②和④杂交

C.若培育糯性抗病优良品种，应选用①和④杂交

D.若将①和④杂交所得F_1的花粉用碘液染色，可观察到比例为1∶1∶1∶1的四种花粉粒

【设计意图】通过本例题的设置训练学生在新情境中的知识应用、迁移、归纳能力。A层班：思考讨论回答例题并归纳小结自由组合定律的实验验证方法；B层班：教师可先做出相关提示和思路，再让学生分析问题做出归纳。

【归纳总结】自由组合定律的实验验证方法：①自交法；②测交法；③花粉鉴定法。

【拓展提升】

巩固3.已知某植物的抗病（A）和不抗病（a）、花粉长形（B）和花粉圆形（b）、高茎（D）和矮茎（d）三对性状能自由组合。现有4株纯合的植株，其基因型分别为：①aaBBDD；②AABBDD；③aaBBdd；④AAbbDD。下列相关叙述不正确的是（　　）

A.任意选择两植株杂交都能验证基因的分离定律

B.欲验证基因的自由组合定律可选用的杂交组合只有①和④、②和③

C.欲培育出基因型为aabbdd的植株，可选择③和④进行杂交

D.欲通过检测花粉验证基因的分离定律可选择④和任意植株杂交

六、课堂小结

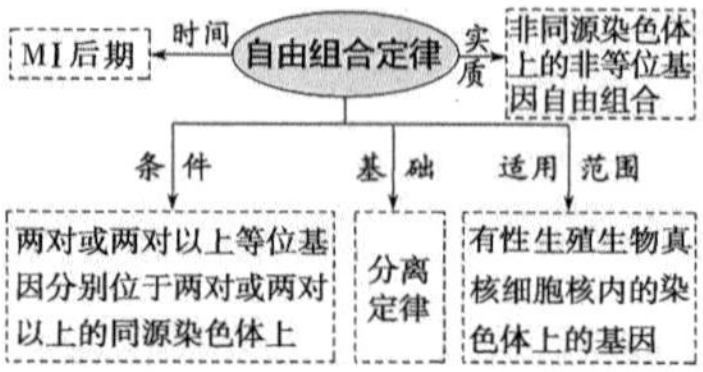

第七节　历史学科教学设计范例

范例1　辽宋夏金元的经济与社会(新授课)

主备人：李运平　　协备人：肖瑾　　审核人：李运平

一、教学目标

1.在了解宋元时期的经济发展与社会变化的基础上，认识这一时期在政治、经济、文化与社会等方面的新变化，形成对宋元时期正确的时空认识。

2.通过对两宋时期经济发展的认识，理解宋代的经济发展达到的某些前所未有的高度，增强学生对中华古代物质文明的认同与民族自豪感。

二、重点难点

重点：通过对《清明上河图》及唐宋都城地图的鉴赏，增强史料实证能力的同时，构建这一时期经济生活的历史图景。

难点：通过课本的梳理了解宋代社会的变化，通过设问深化对宋代社会变化的理解，引导学生理解社会流动是社会自我调节的重要机制之一，是社会富有活力与否的一个重要标志。

三、教学方法

讲解法、分组讨论、合作探究法。

四、教学手段

多媒体课件和设备的使用。

五、教学过程

【情境导入】

情景材料一：华夏民族之历史，历数千载之演进，造极赵宋之世也。

——陈寅恪《概括的唐宋时代观》

情景材料二：中国现代学者余秋雨说：“我最向往的朝代就是宋朝。”

情景材料三：英国史学家汤因比说：“如果让我选择，我愿意活在中国的宋朝。”

提问：通过阅读上述材料，我们从中直接能够获取的共同信息是什么？

导入：对，这三句话都提到了一个朝代：宋朝。宋朝是个很有魅力的朝代。那么，究竟宋代的经济和社会生活和前代相比有了哪些新的变化，才让中外名人如此向往呢？这节课我们一起来学习第11课，让我们一起走进辽宋夏金元的经济与社会历史。

【设计意图】通过创设情境，激发学生学习兴趣。为整节课的有效组织作铺垫。

任务一 宋元时期农业发展状况

【情境问题】

两宋时期……水稻种植面积不断扩大，精耕细作的集约化经营……宋初从越南引进早稻优良品种占城稻，在江南普遍种植。水稻单位面积产量提高。农村中开始出现专门种植经济作物（蚕桑、蔬菜、漆树、花卉、果树、甘蔗）的专业户……为商业的发展提供了广阔的空间。

问题1.阅读教材和材料1结合《学法大视野》相关内容，请归纳指出宋元时期农业明显超过前代具体表现在哪些方面？这些表现中你发现属于这一时期农业上出现的新变化有哪些？这些农业成就对宋元社会经济发展产生了什么影响？

【设计意图】培养学生从教材和材料中提炼信息能力，培养分析史料的能力（史料实证），通过教文字和图片资料和文字材料初步感受宋代农业的发展变化，从而培养学生的民族自豪感和自信心。

【知识呈现】宋元农业发展表现：（1）生产技术发展：宋朝时一年两熟的稻麦复种技术得到推广，江南地区形成一年两熟或一年三熟制，占城稻的引进，水稻产量跃居粮食产量首位，出现“苏湖熟、天下足”的谚语。粮食产量大大提高了。（教师解释稻麦复种制：就是以稻、麦两种粮食作物轮种的复种方式。每年六月份种水稻，十一月份水稻收获后，翻耕播种三麦，越冬，至来年五月收获，麦茬翻耕灌溉后再种水稻。）（2）经济作物种植的发展：经济作物不断出现并发展，棉花在内地的种植开始于宋朝，元朝时由两广、福建扩展到江淮和川蜀一带，部分地区出现固定种植某种经济作物的农户。（3）边疆农业进一步开发：漠北、东北、西北、西南农业显著进步。

【演练获得】

例1.宋代有大量农户脱离单纯的粮食生产，各地出现了许多以种植经济作物为生的菜园户、花户、药户、漆户、果农、蔗农等专业经营者。这些专业户部分或主要从事商品生产，更大程度上面向市场。据此得出的认识，正确的是（　）

①作物种植向专业化方向发展　　②广泛种植高产作物玉米和烟草

③经济重心南移趋势基本完成　　④农业生产商品化程度得到提高

A.①②　　B.②③　　C.①④　　D.③④

【设计意图】通过精选题目的设置，巩固学生刚接触的新知，培养学生运用知识解决问题的能力。

【归纳总结】（1）宋代耕作制度的变化，提高了复种指数，极大提高了土地利用率。（2）宋元时期，区域经济作物的种植，对传统自然经济结构有一定的突破。

【拓展提升】认识宋代农业生产的发展。（1）农业是宋代社会最主要的生产部门，宋代的农业在唐代的基础上又有了新的发展。就广度而言，主要表现为耕地的增加；就深度而言，表现为耕作制度的改进、耕作技术的提高、经济作物地区的较多出现和单位面积产量的提高等。(2) 宋代农业的进步为当时的经济社会发展奠定了良好基础。

过渡导语：农业发展促进了手工业的发展。

任务二　宋元时期手工业发展状况

【情境问题】

昔汴都数百万家，尽仰石炭，无一家燃薪者。——南宋·庄绰

到1078年，北宋生铁年产量已经达到7.5万到15万吨，这一产量是1640年英国本土生铁产量的两倍半至五倍。

——罗伯特哈特威尔《北宋中期中国铁与煤工业的革命》

问题2.阅读教材和材料2结合《学法大视野》相关内容，请归纳指出宋元时期手工业明显超过前代具体表现在哪些方面？

【设计意图】培养分析史料的能力（史料实证），使学生感受宋代手工业的进步，从而提高民族自信。

【知识呈现】宋元手工业发展之表现：(1) 制瓷业：出现了五大名窑（汝窑、哥窑、定窑、钧窑、官窑：谐音记忆法“你（汝）哥（哥）一定（定）当军（钧）官（官）”），景德镇成为著名的瓷都。(2) 矿冶业：煤炭作为燃料，提高了冶炼产质。(3) 印刷业：印刷业推动了文化普及和造纸业发展。

【演练获得】

例2.北宋诗人苏轼在《石炭并引》记载：“彭城旧无石炭。元丰元年十二月，始遣人访获于州之西南白土镇之北，冶铁作兵，犀利胜常云。”据此推断北宋（　　）

A.采矿业技术先进　　　　B.兵器制造业发达

C.彭城从外地输送用煤　　　　D.已用煤作为燃料冶铁

【设计意图】通过精选题目的设置，巩固学生的刚接触的新知，培养学生运用知识解决问题的能力。

【归纳总结】文字类材料选择题解题技法介绍。（1）读：解读史料信息及反映的主旨内涵。（2）找：时间、人物、地点、事件；注意材料当中的转折词（转折词后面往往是材料强调的重点）。（3）联：联系所学知识，分析思考史料有效信息。（4）析：分析备选项是否符合题干史料和题意要求。特别注意：浓缩材料找大意，强调题干与选项的完全对应。

【拓展提升】阅读教材P61“宋朝五大名窑出产的瓷器”，从图中得到什么信息？宋代陶瓷业兴盛的原因有哪些？

过渡导语：农业和手工业的繁荣带动了商品经济和城市的发展。

任务三　宋元时期商业和城市繁荣状况探究

1.宋元时期商业繁荣状况探究。

【情境问题】

①宋朝时期值得注意的是发生了一场名副其实的商业革命……宋朝时期的中国正朝成为一个海上强国的方向发展。

——斯塔夫里阿诺斯《全球通史》

②唐初人们尚轻视商业并试图限制其发展，但到了晚唐和宋朝时这种束缚就被打破了……中国首次出现了聚集了大量人口的商业大都市。与以前不同的是这些都市进商业中心而非政治中心。

——费正清《中国：传统与变迁》

③泉州港是海上丝绸之路的重要港口，有发达的造船业和先进的航海技术。宋元时期，泉州海外交通、贸易空前繁荣。泉州港（亦称刺桐港）被誉称为“世界最大贸易港”之一而驰名中外，与埃及亚历山大港齐名。

问题3.阅读教材和上述三结合则材料《学法大视野》相关内容，请思考宋元时期商业城市繁荣具体表现在哪些方面？宋朝发生了一场名副其实的商业革命，宋朝商业革命主要表现在哪里？

【设计意图】使学生掌握宋元时期的商业和城市发展变化的史实。

【知识呈现】商业繁荣表现：（1）金融货币：四川出现世界上最早的纸币交子，信用票据便钱（会子）大量出现。（2）商品种类：农副产品和家庭手工业商品化程度提高。（3）商业场所：出现了商业大都市东京和临安，打破了时间和空间的限制、出现了晓市和夜市以及娱乐场所瓦子，市坊制度瓦解，草市更加普遍。（4）贸易范围：榷场和互市贸易发达，泉、广、明州是最大的港口，贸易范围涉及东南亚、南亚、阿拉伯半岛以及非洲，海外贸易税收成为南宋国库重要财源。（5）商业政策：交易活动不再受官府的直接监管，重农抑商政策有所松动。

【演练获得】

例3.宋金双方在边境设置榷场，进行贸易。榷场的措置官、提点官由当地知州、知军、通州、通判等地方官员担任；主管官负责榷场的具体事务，由朝廷派遣；押发官由主管官委任，负责榷场的治安和缉查走私。这反映了（　）

A.南宋边境贸易繁荣　　B.官府推崇重农抑商

C.官府控制榷场贸易　　D.南宋实行闭关政策

【归纳总结】材料选择题中题干要求回答“说明”“表明”“反映”“体现”命题者考查的是透过材料表现看本质，即考查透过现象看本质。

【拓展提升】纸币的出现。

材料：会子、交子之法，盖有取于唐之飞钱。真宗时，张咏镇蜀，患蜀人铁钱重，不便贸易，设质剂之法，一交一缗，以三年为一界而换之，六十五年为二十二界，谓之交子，富民十六户主之。后富民赀稍衰，不能偿所负，争讼不息。转运使薛田、张若谷请置益州交子务，以榷其出入，私造者禁之……

——《宋史》卷一八一《食货志下三·会子》

请回答：依据材料并结合所学知识，说明纸币发明的原因。纸币的出现有什么影响？

2.宋元时期城市繁荣状况探究。

【情境问题】从局部角度解读商业的繁荣，构建合理的历史解释。

材料1：

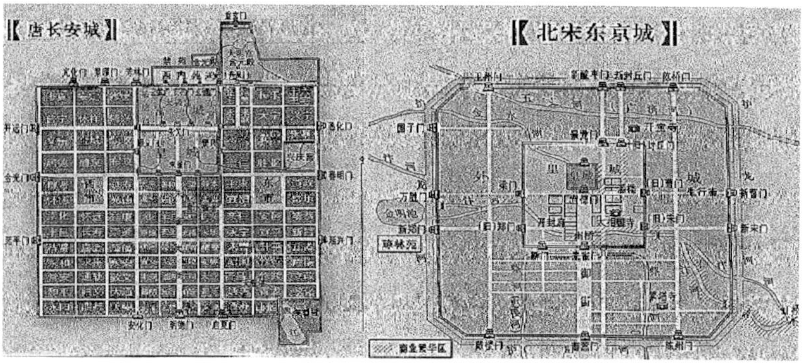

材料2：唐朝长安城实行整齐划一的坊市制。长安城共108个坊，内有东西二市，布局井然有序，坊有围墙，有坊门。坊门夜间紧闭，晚归者不准入内。东西二市各在两方之中，以墙围绕，定时启闭。《唐六典》记载："凡市，以日午击鼓三百声，而众以会；日入前七刻，击钲三百声，而众以散。

材料3：开封和唐朝的都城长安一样，人口众多，但开封是个更加商业化的城市，主宰居民生活的是昼夜开放的市场，而不是宫廷和政府机构。多层房屋矗立街头，并无墙环绕，这些房屋多用于出租。

——《剑桥插图中国史》

材料4：《东京梦华录》记载，宋代"瓦舍勾栏"十分之多，仅汴京就有"大小勾栏五十余座"，有的甚至"可容数千人"。

问题4.解读材料，指出和唐长安城相比，北宋东京城发生了什么变化？分析宋代城市出现的以上新变化的原因？

【设计意图】通过史料实证、合理的历史想象，逐层展现和推进，对北宋东京的城市繁荣做出合理的历史解释。

【知识呈现】城市繁荣表现：（1）北宋东京和南宋临安人口多时均超出百万，市场活跃，交易频繁，娱乐活动丰富多彩。（2）元朝恢复临安的旧称杭州，被称为"世界最富丽名贵之城"。（3）元大都是当时北方最大的经济中心和商品集散地

【演练获得】

例4.宋代文献记载，真宗时，“诏商旅自京［携］便钱至诸州者，所在即给付，无得稽滞。按，太祖开宝三年置便钱务（机构），许民入钱左藏（国库），给以券，于诸州便换。”文中“便钱”是（　）

A.自由流通的支票　　B.中国最早的纸币

C.国家发行的债券　　D.兑换货币的凭证

【设计意图】通过精选题目的设置，巩固学生，刚接触的新知，培养学生运用知识解决问题的能力。

【归纳总结】两宋时期，城市商业突破传统时间、空间的限制，城市与商业空前繁荣。

【拓展提升】阅读教材“张择端《清明上河图》（局部）”：从图中得到哪些信息？阅读教材“元朝运河、海运路线图”：元朝开凿运河的条件有哪些？

范例2　中国民族资本主义的曲折发展（复习课）

主备人：何纯永　　协备人：雷渊红　　审核人：李运平

一、教学目标

1.能记住中国民族资本主义发展各阶段的背景、表现和影响。

2.能说出在半殖民地半封建社会条件下，中国民族资本主义的特点、地位和作用。

3.会运用史论结合的方法分析中国民族资本主义曲折发展的原因。

二、重点难点

民族工业的短暂春天。影响中国民族资本主义发展的主要因素和民族工业的历史地位。

三、教学方法

列表法、列举法、讲解法、分组讨论法。

四、教学手段

多媒体课件和设备。

五、教学过程

任务一　中国民族资本主义的产生

【情境问题】张謇（1853—1926），清末状元，主张“实业救国”“教育救国”。张謇自称兴办实业可谓是“幸而利，幸而成”，却又“至于钝，几于败”，感叹自己“不幸而生中国，不幸而生今之时代”。

问题：支撑张謇舍弃功名投身近代民族工业的力量源泉是什么？造成张謇不幸的根源又是什么？

【设计意图】以学生熟悉的历史人物导入本课，以张謇大生纱厂的兴衰为主线复习本课内容。

【知识呈现】中国民族资本主义的产生。

时间	原因或条件	主要表现	影响
19世纪六七十年代	①鸦片战争后____逐渐解体； ②受______丰厚利润的刺激； ③受____引进西方先进技术的诱导	上海的__________ 广东南海的______ 天津的__________	①_______产生； ②促进______进一步解体

【设计意图】前两节课已讲到中国民族资本主义产生的原因，教师可采用抽查法检查学生对此知识的掌握情况；用讲解法讲解中国民族资本主义产生的影响。

【演练获得】

例1.（2019年北京卷）为下表选取表名，最恰当的是（　）

名称	相关信息
开滦唐山煤矿	1878年建，中国近代煤炭工业
北洋水师大沽船坞	1880年建，北方最早的船舶修造厂
北洋银元局	1902年建，位于天津，造币中心
京师自来水公司	1908年建，北京第一座官营自来水厂

A.京津冀地区晚清民族企业简表　　B.北京近代民族企业简表

C.洋务运动时期北方企业简表　　D.近代民族资本主义企业简表

【归纳总结】考点：中国民族资本主义产生的影响；学科素养：历史解释。

【拓展提升】（2019年全国卷Ⅲ）19世纪六七十年代，外国人将自己的名字租借给中国人经办新式企业的做法，在通商口岸较为盛行。这一做法（ ）

A. 导致民间设厂高潮局面的出现　　B. 有利于中国新的社会阶层发展

C. 加剧了外国资本对中国的输入　　D. 扭转了中国对外贸易入超局面

考点：中国民族资本主义的发展；学科素养：时空观念。

任务二　中国民族资本主义的初步发展

【情境问题】张謇的大生纱厂的兴衰折射了中国民族资本主义曲折发展的历程。

材料：清末状元，主张“实业救国”“教育救国”。他一生创办了20多个企业，370多所学校，被誉为“状元实业家”。

1896年，创办大生纱厂。

1913年以后，大生纱厂连年盈利，仅1919年两厂赢利就高达380多万两，创下最高纪录。

1922年，棉贵纱贱，向来赢利的大生一厂亏损39万多两，二厂亏损31万多两，政府没有为他提供什么有价值的帮助。在随后的中日纱厂竞争中迅速拖垮了大生。张謇多方寻求国外资金的支持，未果，无可挽回地走向衰落。

问题：据材料并结合所学知识，概述张謇创办大生纱厂的背景。

【设计意图】以张謇大生纱厂的兴衰为主线复习本课相关内容。

【知识呈现】中国民族资本主义的初步发展。

时间	原因或条件	主要表现	影响
甲午战争以后（19世纪末20世纪初）	①___以后，列强争相向中国_____，进一步瓦解了中国的_____，客观上为民族资本主义的发展提供条件。 ②清政府为____，解决财政危机，放宽对___的限制，中国出现___热潮。	①________数量增加和规模扩大； ②由______向_______扩展。	①____________作为新的____，开始登上历史舞台； ②为________运动和__________提供阶级基础。

【演练获得】

例2.（2019年全国卷Ⅰ）川沙县部分名人简历表。

黄彬	国学生，干练有才，上海招商局创办时，章程皆其手订
朱纯祖	监生，幼时孤苦伶仃，学习米业，中年创设朱丽记花米行
姚光第	南邑生员，感于地方贫瘠日甚，就其家设机器轧棉厂

上表是19世纪末20世纪初毗邻上海的川沙县部分名人的简历，说明当时国内（　）

A.科举取士转向选拔实务人才　　B.传统社会结构受到冲击

C.儒家的义利观念被抛弃　　D.新式工业在经济中居于主导

【归纳总结】考点：中国经济结构变动的影响；学科素养：历史解释、史料实证。

【拓展提升】

巩固1.1896年总理衙门奏陈“西方国家皆以富强为第一要务，专设商务大臣，其他的公司商会等随地经营，不遗余力地帮扶。而中国各省章程不一，地方官对于公司企业毫不关心，反而遇事随意征派勒索捐税……请饬令各省官员，在省会设立商务局，聘请有名望的绅商担任负责人”。据此可知（　）

A.清政府的经济管理意识趋向近代化

B.清政府改变了以官营企业为主导的局面

C.官僚机构禁止民间资本主义的发展

D.商务局是推行官督商办的地方领导机构

考点：近代中国经济结构变动的影响；学科素养：历史解释、史料实证。

巩固2.1904年清廷颁布了《奏定商会简明章程》，向全国商人发出建立商会的号召。在随后的几年里，全国商会和分会发展到800个，全国商会联合会也随之成立。近代商会的发展（ ）

A.促成与外国商战思想的出现 B.有利于推动民主革命进程

C.标志资产阶级登上历史舞台 D.得益于列强放松对华侵略

任务三 短暂春天

【情境问题】张謇的大生纱厂的兴衰折射了中国民族资本主义曲折发展的历程。

材料：清末状元，主张“实业救国”“教育救国”。他一生创办了20多个企业，370多所学校，被誉为“状元实业家”。

1896年，创办大生纱厂。

1913年以后，大生纱厂连年盈利，仅1919年两厂赢利就高达380多万两，创下最高纪录。

1922年，棉贵纱贱，向来赢利的大生一厂亏损39万多两，二厂亏损31万多两，政府没有为他提供什么有价值的帮助。在随后的中日纱厂竞争中迅速拖垮了大生。张謇多方寻求国外资金的支持，未果，无可挽回地走向衰落。

问题：据材料并结合所学知识，指出张謇的大生纱厂在1913—1919年期间连年盈利的原因。

【设计意图】以此引起学生对中国民族资本主义迎来“短暂春天”原因的思考。

【知识呈现】短暂春天。

时间	原因或条件	主要表现	影响
1912—1919年	①________的推动：辛亥革命推翻了____统治，建立中华民国，为民族资本主义的发展扫除了一些____；中华民国临时政府奖励____，激发了民族资产阶级投资____的热情。 ②____反帝爱国运动的推动。 ③______爆发后，______暂时放松对中国的__侵略，客观上为民族资本主义的发展提供了有利的___条件。 ④________思潮的兴起和发展	新建厂矿企业、投资额增加；___和____发展最快。 结果：一战结束，_ ______卷土重来，整个中国民族工业又迅速__________	①民族资产阶级力量壮大，掀起了________； ②无产阶级力量壮大，为________的诞生和________革命的崛起准备了阶级条件

【演练获得】徐中约的《中国近代史》中记载，1913—1918年期间外国出口中国的数量变化，分别是：英国出口量9600万降到4900万两，法国出口量由520万两降到150万两，德国出口量由2800万两降到零。这种变化（　）

A.受到中国政府对德宣战的影响　　B.反映了英法德与中国矛盾尖锐

C.深刻影响中国民主革命的走势　　D.原因是西方工业品质量的下降

【归纳总结】考点：中国民族资本主义曲折发展的影响；学科素养：史料实证、历史解释。

任务四　迅速萧条

【情境问题】张謇的大生纱厂的兴衰折射了中国民族资本主义曲折发展的历程。

材料：清末状元，主张“实业救国”“教育救国”。他一生创办了20多个企业，370多所学校，被誉为“状元实业家”。

1896年，创办大生纱厂。

1913年以后，大生纱厂连年盈利，仅1919年两厂赢利就高达380多万两，创下最高纪录。

1922年，棉贵纱贱，向来赢利的大生一厂亏损39万多两，二厂亏损31万多两，政府没有为他提供什么有价值的帮助。在随后的中日纱厂竞争中迅速拖垮了大生。张謇多方寻求国外资金的支持，未果，无可挽回地走向衰落。

问题：据材料并结合所学知识，指出张謇的大生纱厂走向衰落的原因。

【设计意图】以此引起学生对中国民族资本主义“迅速萧条”原因的思考。

【知识呈现】迅速萧条。

时间	原因或条件	主要表现	影响
1919—1927年	①一战结束，____卷土重来，加紧侵略； ②________后期，市场、币制混乱； ③军阀混战，缺乏_______环境	进入19世纪20年代，大批民族工业或被外资控制兼并，或因产品竞争力弱而亏损倒闭	

【设计意图】教师用讲解法讲述本部分内容，学生做好笔记。

【演练获得】(2020课标Ⅰ) 20世纪20年代，中国度量衡的状况是，“同一秤也，有公秤、私秤、米秤、油秤之别”“同一天平也，有库平、漕平、湘平关平之分别”“同一尺也有海关尺、营造尺、裁衣尺、鲁班尺及京放、海放之分别”。这一状况（　）

A. 提高了市场交易的成本　　B. 加剧了军阀林立的局面

C. 造成国民经济结构失衡　　D. 阻断了商品的大量流通

【归纳总结】考点：中国民族资本主义的曲折发展的背景；学科素养：历史解释、史料实证。

【拓展提升】张謇（1853—1926），清末状元，主张“实业救国”“教育救国”。张謇自称兴办实业可谓是“幸而利，幸而成”，却又“至于钝，几于败”，感叹自己“不幸而生中国，不幸而生今之时代”。

请思考：支撑张謇舍弃功名投身近代民族工业的力量源泉是什么？造成张謇不幸的根源又是什么？

【设计意图】教师引导学生分组讨论，各组推举代表回答问题，重在培养学生的历史解释、家国情怀等核心素养。

六、课堂小结

请你用最简便快捷的方法构建一幅本节课的知识思维导图。

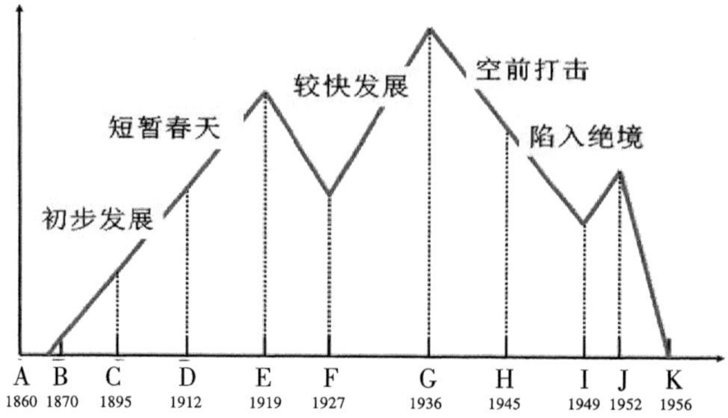

【设计意图】教师指导学生结合本课内容及所学知识，绘制鸦片战争以来至新中国成立初期的中国民族资本主义发展趋势图，培养时空观念、历史解释等核心素养。

第八节　政治学科教学设计范例

范例1　运动是物质固有的根本属性（新授课）

主备人：谢知晖　　协备人：罗石文　　审核人：刘旭利

一、教学目标

1.必备知识：运动、相对静止、规律的含义，理解物质与运动、运动与静止的关系。

2.关键能力：培养学生从生活实例中提取有效信息并归纳观点的分析与概括能力；锻炼学生理论联系实际的能力，引导学生树立科学的世界观。

3.核心素养：通过学习运动和静止的辩证关系原理，使学生懂得辩证唯物主义在承认运动的绝对性的同时，承认相对静止，认识到世界是可知的，在学习、生活和工作中增强认识世界和改造世界的勇气和信心，避免犯形而上学的相对主义和诡辩论的错误。

二、重点难点

重点：物质的运动是绝对的。

难点：运动的绝对性与静止的相对性。

三、教学方法

情景教学法、谈话法、练习法 。

四、教学手段

多媒体。

五、教学过程

【导入新课】辩证唯物主义告诉我们，物质的世界是处于运动和变化之中。哲学上的运动是什么，这节课，我们一起来探讨这内容。

【情境问题】用3分钟阅读教材P30—32，思考下列问题（要求：认真阅读、勾画答案，标记疑难。完成《培养与测试》P26第1、2、3题。）

1.什么叫运动？

2.物质与运动的关系？

3.什么叫静止？

4.运动与静止的关系如何？

【设计意图】规定任务，限时预习，引导学生树立良好的预习习惯，完成基本知识的初步认知。

任务一 哲学中运动的概念

【情境问题】阅读材料，回答问题。

法国巴黎时报上曾登过一则广告，上面写道：“只要花25生丁（等于0.25法郎），你就可以享受到既经济又没有丝毫困急痛苦的旅行方法。”

有个人按照广告刊登的地址寄去了25生丁。不久，他收到一封回信：“先生，请您安静地躺在您的床上，并且请牢记：我们的地球是在旋转着的。在巴黎的纬度——北纬49度上，您每昼夜要跑数万公里。假如您喜欢看沿路美好的景致，就请您打开窗帘，尽情地欣赏星空的美丽吧！”

结合哲学中的运动的含义，分析这则广告的狡辩有无合理性？

小组讨论，学生回答。老师板书学生观点。展示机械运动、物理运动、化学运动、生命运动和社会运动的图片。引发学生思考，说明了什么哲学道理？

【设计意图】通过情景探究，培养合作学习的意识和能力，让学生明白运动无处不在、无时不在，树立运动是普遍的观点，激发学生探究哲学中的“运动”是什么的兴趣。

【知识呈现】运动的概念：哲学上所讲的运动就是宇宙中一切事物、现象的变化和过程。

【演练获得】英国诗人雪莱在《无常》中吟唱道，“今天，花儿喜爱欢悦/明天，就会凋谢/我们希望长驻一切/诱惑你，然后飞逸/什么是人间的欢乐/那是戏弄黑夜的电火/像闪光一样短促”。下列与诗中的哲理相近的是（ B ）

A.不是风动,不是幡动,仁者心动

B.人一次也不能踏进同一条河流

C.万物都在运动,但只是在概念中运动

D.静者静动,非不动也。静即含动,动不舍静。

【设计意图】引导学生辨析诗词中的哲理，培养思辨思维。进一步理解运动的普遍性，运动是绝对的。

【归纳总结】世界上的万事万物都处在运动之中，运动是普遍的，永恒的、无条件的、绝对的。

【拓展提升】“改革开放没有完成时，只有进行时。”这一观点体现的哲学原理是（ A ）

A.世界上的一切事物都处于运动变化之中

B.物质世界是绝对运动和相对静止的统一

C.运动是物质的运动

D.运动是物质的唯一属性

任务二 物质与运动的关系

展示过渡图片：到底什么在运动呢？

设问：有没有物质的运动呢？你能说出机械（物理、化学、生命、社会和认识）运动的主体吗？

【情境问题】展示刻舟求剑的故事和慧能的“仁者心动”的观点。请用物质和运动的关系分析他们犯了什么错误？

探讨后归纳：刻舟求剑——离开运动谈物质的形而上学观点。仁者心动——离开物质谈运动的唯心主义观点。

【设计意图】让学生辨析典故中的哲理，明确只承认物质否认运动或者只承认运动否认物质都是错误的。

【知识呈现】物质和运动的关系。（1）物质是运动的物质，运动是物质固有的根本属性和存在方式。世界上不存在脱离运动的物质。（即物质离不开运动）

（2）运动是物质的运动，物质是运动的承担者。脱离物质的运动是根本不存在的。（即运动离不开物质）

【演练获得】“流水不腐，户枢不蠹”体现的哲学道理主要是（ B ）

A.物质是运动的主体

B.运动是物质的存在方式和根本属性

C.运动是物质的唯一特性和本质特征

D.运动包括宇宙间的一切变化和过程

【设计意图】引导学生，理解诗句中的主要哲理，巩固基础知识，提升解题能力。

【归纳总结】物质和运动是不可割裂的。否则，就会犯形而上学或者唯心主义的错误。

【拓展提升】在纷繁复杂的人间变化中，人们总会感叹容颜易逝、人心易变、岁月易老。上述材料告诉我们（ D ）

①静止是运动的一种特殊状态

②物质世界是绝对运动与相对静止的统一

③物质的运动是绝对的 、无条件的

④运动是物质固有的根本属性

A.①②　　B.①④　　C.②③　　D.③④

任务三　哲学中静止的含义

【情境问题】诗词赏析：

回乡偶书（一）

少小离家老大回，乡音无改鬓毛衰。

儿童相见不相识，笑问客从何处来。

回乡偶书（二）

离别家乡岁月多，近来人事半消磨。

唯有门前镜湖水，春风不改旧时波。

问题1.你从诗中看到哪些东西在运动？

问题2.哪些东西相对没有变化？

【设计意图】引导学生分析绝对运动之中，存在不变的事物，从而引发出哲学中的静止。

【知识呈现】静止的含义：（1）它是运动的一种特殊状态。（2）主要有两方面的含义：一是事物在它发展的一定阶段和一定时期，其根本性质没有发生变化；二是物体相对于某一参照系来说没有发生某种运动，或者说物体在一定条件和范围内没有进行某种特殊的运动。

【演练获得】有人说，世界上存在着不运动的物质，例如，某些物体从出现的第一天就没动过，故宫在北京、肖克图书馆在嘉禾一中就是如此。请你分析一下，这句话是否正确，为什么？

【设计意图】培养学生的思辨思维，理解世界上的万事万物都是处于运动之中的。静止是运动的一种特殊状态。

【归纳总结】静止并不是不运动，是静悄悄的变化、不显著的运动，是渐变，是量变阶段。

任务四 运动与静止的辩证关系

【情境问题】张三向李四借钱并立字据。一日，李四向张三要钱，张三振振有词地说，事物是运动变化的，此时的我已不再是原来的我了，我没欠你的钱，李四气得打了他一顿。二人闹到县衙，县官问张三：欠债还钱，乃天经地义，你为什么借钱不还？张三把他的理由又陈述了一遍。县官听了觉得很有理，又问李四，为什么要打人？李四说，事物是运动变化的，此时的我已经不是打他时候的我了，我没打他！县官只好不了了之。

你能明断这个案子吗？

【设计意图】故事中析哲理，明确诡辩论的错误。

【知识呈现】运动和静止的辩证关系：(1) 运动是无条件的、永恒的和绝对的。(2) 静止是有条件的、暂时的和相对的。总之，任何事物都是绝对运动和相对静止的统一。(动中有静，静中有动)

【演练获得】诗仙李白的《望庐山瀑布》写道:“遥看瀑布挂前川”,后人评述此句中意境全在“挂”字之上，是因为此字体现了（ A ）

①动中有静,静中有动　　　　②物质是运动的物质

③绝对运动与相对静止的统一　　　　④运动是物质的运动

A.①③　　B.①④　　C.②③　　D.②④

【设计意图】引导学生理解运动和静止的辩证关系。

【归纳总结】动不舍静，静不舍动。物质世界是绝对运动和相对静止的统一。

【拓展提升】

巩固 1. 下列不符合唯物辩证法运动观的（ C ）

①坐地日行八万里，巡天遥看一千河

②动者恒动，静者恒静

③一切皆变，瞬息万变，不可捉摸

④年年岁岁花相似，岁岁年年人不同

A.①③　　B.①④　　C.②③　　D.②④

巩固2.观点碰撞，试分析下列这两种说法对吗？为什么？

①人不能两次踏进同一条河流。——赫拉克利特

正确，在承认运动的绝对性的同时，也承认相对静止的存在。

②人甚至一次也不能踏进同一条河流。——克拉底鲁

错误，否认相对静止的存在。

【设计意图】通过练习，让学生充分理解运动观。

六、课堂小结

1.知识归纳。

关系		运动	静止
区别	含义不同	指宇宙中一切事物、现象的变化和过程	事物的根本性质或空间位置在一定条件和范围内基本不变。
	性质不同	绝对的、无条件的，永恒的	相对的、有条件的、暂时的
联系	a.物质世界是绝对运动和相对静止的统一，动中有静，静中有动。 b.只承认静止而否认运动是形而上学的不变论；只承认绝对运动而否认相对静止则导致相对主义和诡辩论		

2.思维导图。

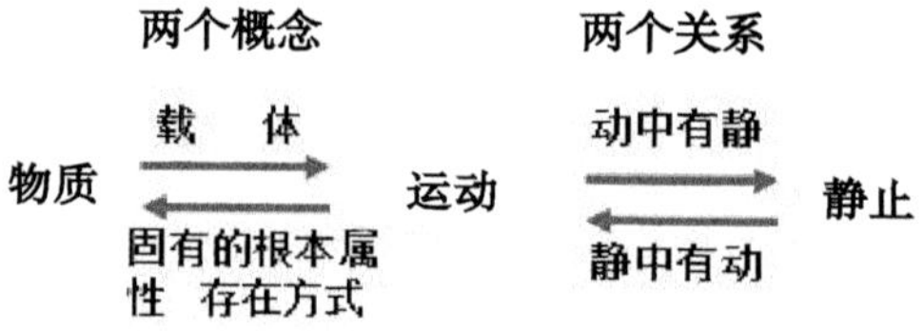

范例2　文化的继承性与文化发展(第二课时)(复习课)

主备人：李佑祥　　协备人：谭冬明　　审核人：李文革

一、教学目标

1.掌握文化继承与发展的关系。

2.明确影响文化发展的因素，重点掌握科学技术对文化发展的推动

作用。

3.归纳教育在文化传承和建设文化强国中的作用。

二、重点难点

文化继承与发展的关系。

教育在文化传承和建设文化强国中的作用。

三、教学方法

合作探究、讲解法、分析法。

四、教学手段

多媒体课件。

五、教学过程

【情景问题】

问题1.你们有没有见过这两种行为？比较两者之间有何异同？

	传统祭祖	网络祭祖
地点	祖上墓前	家里电脑前
方式	燃放爆竹、焚烧纸钱、带去饭菜、点蜡烛、插香	点击鼠标登录，输入先辈信息，进行祈福
危害	易引发森林火灾	无

问题2.其核心内容有没有发生变化？

传统祭祖和网络祭祖同为清明祭祖习俗，虽然两者无论是在行为，还是在经费消耗上都有着极大的区别，但是其核心都是以祭奠祖先、缅怀先人为内容，都是后人一片心意的表达，而且网络祭祖更加绿色、危害更小。

问题3.两者之间的异同说明了什么？

文化在继承中发展 。

【设计意图】通过情境，使学生从中领悟出“文化在继承中发展”，从而自然导入课题。

任务一　同一过程的两个方面

【知识呈现】（1）文化继承不是原封不动地承袭传统，而是要不断有所淘汰、有所发扬，从而使文化得到发展。即“取其精华，去其糟粕”。（2）文化发展不是对旧文化的简单否定，而是不断革除陈旧的、过时的旧文化，推出体现时代精神的新文化，是创造新文化、发展先进文化的过程。即：推陈出新，革故鼎新。（3）文化继承与文化发展的关系。区别：①继承是取其精华，去其糟粕。②发展是推陈出新，革故鼎新。联系：①继承是发展的必要前提，发展是继承的必然要求。文化继承与文化发展是同一过程的两个方面。②文化在继承的基础上发展，在发展的过程中继承。（4）怎么做。要批判地继承传统文化，不断推陈出新、革故鼎新，才能够做出正确的文化选择，成为自觉的文化传承者和享用者。

【演练获得】《中共中央　国务院关于促进中医药传承创新发展的意见》提出，聚焦癌症、心脑血管病、糖尿病、老年痴呆等，开展中西医协同攻关，编撰中华医藏，制定中医药典籍、技术和方药名录，收集筛选民间中医药验方、秘方和技法，研究设立国家中医药科技研发专项，加快中药新药创制研究，完善中医药产学研一体化创新模式。这告诉我们，促进中医药传承创新（　）

①需要坚守传统中医药文化的具体内涵

②需要充分发挥科技在中医药发展中的作用

③要在学习和借鉴西医的基础上改造中医药

④把握好继承与发展的关系，敢于推陈出新

A.①②　　B.①③　　C.②④　　D.③④

【设计意图】使学生对本考点知识得以巩固。

【归纳总结】文化创新既要发挥科技的作用，也要在学习和借鉴其他文化的有益成果。

【拓展提升】要批判地继承传统文化，不断推陈出新、革故鼎新，才能够做出正确的文化选择，成为自觉的文化传承者和享用者。

任务二 影响文化发展的重要因素

【知识呈现】(1) 生产力与生产关系的矛盾运动（根本因素)。生产力与生产关系的矛盾运动，决定着社会制度的变化，也决定着文化的发展方向。每当社会制度发生新旧更替时，代表新的政治、经济力量的新文化，通过反对代表旧的政治、经济力量的旧文化的斗争，有力地促进文化的进步。(2) 科学技术。①科学技术的进步，是促进经济发展的重要因素，也是推动文化发展的重要因素。②现代信息技术的运用，使收集、选择、传递、储存文化资源的手段和方式发生了根本变革，极大地促进了文化传播、继承与发展。(3) 思想运动。思想运动往往催生社会变革，促进文化发展。“新文化运动”“启蒙运动”等都成为社会变革的先导，大大促进了文化自身的发展。(4) 教育。①教育的功能和作用；②教育传递文化；③教育对文化创造的影响。

【演练获得】(2016・北京高考真题)“折戟沉沙铁未销，自将磨洗认前朝”，一件经历过战争的铁器，诉说着推动历史前进的必然和偶然；“君看六幅南朝事，老木寒云满故城”，一副古旧的画卷，描绘出凄清荒凉的六朝时景，令后人触目伤怀……文物是无言的百科全书，承载着珍贵的历史信息。加强文物保护、管理和利用（ ）

①可以给文物保护部门带来较高的经济效益

②是推动我们文化事业发展的一项重要内容

③有利于传承和弘扬中华民族优秀传统文化

④能够使国家占据世界文化发展的制高点

A.①② B.①④ C.②③ D.③④

【设计意图】使学生对本考点知识得以巩固。

【归纳总结】文物是无言的百科全书，承载着珍贵的历史信息。加强文物保护、管理和利用能推动我们文化事业发展，有利于传承和弘扬中华民族优秀传统文化。

【拓展提升】正确处理好文化继承与发展关系的意义：把握好文化继承与发展的关系，批判地继承传统文化，不断推陈出新，革故鼎新，我们才能做出正确的文化选择，成为自觉的文化传承者和享用者四、知识拓展。

任务四　知识拓展

1.判断：文化在继承中发展，是不是说明应当先继承，后发展？

文化的发展并不是在继承之后才发展，而是在继承的基础上发展，在发展的过程中继承。继承是发展的必要前提，发展是继承的必然要求。继承和发展，是同一个过程的两个方面，而不是先后两个过程。所以此题观点错误。

2.文化继承与文化传播比较。

		文化传播	文化继承
不同点	方向	文化在空间上传播(不同国家和地区)	文化在时间上的传承(同一国家不同时代)
	依据	文化具有多样性	文化具有继承性
	态度	吸收各国优秀文明成果,推动中华文化走向世界	古为今用,发扬光大
相同点		都能够促进文化的发展;都存在精华与糟粕,要辩证分析;教育、科技、经济等在其中都发挥着重要作用	

3.如何正确把握文化继承与发展的关系。

（1）继承是发展的必要前提，发展是继承的必然要求。一个民族的优秀传统文化凝聚了该民族世世代代的创造和智慧，是该民族赖以生存和发展的精神力量，一个民族文化的发展和复兴，离不开对优秀传统文化的继承。继承的目的是发展，不能原封不动地承袭传统，必须要把握时代的脉搏，与时俱进，有所淘汰，有所发扬，从而使文化得到发展。

（2）在继承的基础上发展，在发展的过程中继承。要把握好文化继承与发展的关系，批判地继承传统文化，积极从改革开放和社会主义建设的实践中汲取养分，在创造中继承，在推陈中出新，创造出既具有时代精神，又具有中国特色的社会主义新文化。

（3）正确处理文化继承与发展的关系：在继承和发展的过程中，不断革除陈旧的、过时的旧文化，推出体现时代精神的新文化，这就是“推陈出新，革故鼎新”。

（4）正确处理好文化继承与发展关系的意义：把握好文化继承与发展的关系，批判地继承传统文化，不断推陈出新，革故鼎新，我们才能做出正确的文化选择，成为自觉的文化传承者和享用者。

【演练获得】（2020·新课标全国卷I）阅读材料，完成下列要求。

在抗击新冠肺炎疫情过程中，国家卫生健康委组织专家对医疗救治工作不断进行分析、研判、总结，先后制修订和发布7版新冠肺炎诊疗方案，为保卫人民生命健康提供了重要保障。第1版方案较简单，主要包括病原学特点、病例特点，病例定义，鉴别诊断、病例发现与报告、治疗等方面内容。第3版方案细化了中医治疗方案等内容，第7 版方案增加病理改变内容，增补和调整临床表现、诊断标准、治疗方法和出院标准等，并纳入无症状感染者可能具有感染性、康复者恢复期血浆治疗等新发现，形成了包括13个方面内容的比较完整的诊疗体系。

中医药是中国人民在几千年生产生活实践中创造的，是中华文化的瑰宝，在抗击新冠肺炎疫情中彰显了独特的价值和魅力。坚持中西医结合、中西药并用，发挥中医药治未病、辩证施治、多靶点干预的独特优势，全程参与深度介入疫情防控，形成了覆盖诊 疗过程的中医诊疗规范和技术方案，在全国推广使用，有效降低了发病率、转重率、病亡率，提高了治愈率，加快了恢复期康复。中医药还走出国门助力全球抗疫，中方专家线上线下与日本、韩国、意大利、柬埔寨等国专家分享救治经验，将新冠肺炎中医药诊疗方案译成英文并发布在国家卫生健康委网站与世界各国共享。

结合材料并运用文化生活知识，说明弘扬中医药文化对于坚定文化自信的作用。

【设计意图】通过主观题的演练，是学生获取材料信息和调动运用知识能力得到提升。

【归纳总结】（1）原理限定，与传统文化有关（材料限定中医）；与文化作用有关（设问文化自信）；与文化交流有关（材料走出国门）。（2）材料限定，结合材料。（3）设问指向，说明弘扬中医药文化对于坚定文化自信的作用。

六、课堂小结

1.区别教育和大众传媒以及科技对文化的作用。

2.知识整合。

文化在继承中发展
- 文化继承与发展的关系
  - 是什么
  - 怎样处理
- 影响文化发展的因素
  - 社会制度（根本因素）
  - 科技进步
  - 思想运动
  - 教育方式
- 教育在文化传承中
  - 功能
  - 作用

第九节　地理学科教学设计范例

范例1　流域的综合开发与治理——以田纳西河流域为例（新授课）

主备人：刘永红　　协备人：杨凯迪　　审核人：李军龙

一、教学目标

1.必备知识：了解流域的含义。

2.区域认知：理解流域的自然环境特征。

3.综合运用：运用所学分析流域的水文、水系特征。

二、重点难点

流域的自然地理背景分析方法。

三、教学方法

合作探究法、问题解决法、案例教学法。

四、教学手段

多媒体、展示仪。

五、教学过程

【情景引入】

情境1：景观图片：浑浊的黄河、“地上悬河”、光秃的山岭。

问题1：绿水青山就是金山银山，那么如何保住我们的绿水青山？

情境2：视频：2018年4月习近平总书记视察长江。

如何因地制宜的开发流域的资源，实现可持续发展，美国的田纳西河流域的治理与开发所走过的历程，是很深刻的，它采取的措施是值得世界学习的。

【设计意图】通过关于某些地方环境问题现状及国家领导人对生态环保的理念引入新课。

任务一 河流流域的概念和水文、水系特征

【情境问题】看图思考。

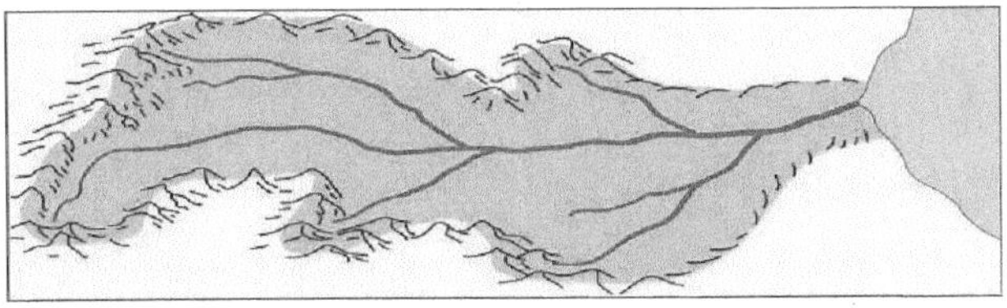

1.河流的流域是由什么地理事物划分的？（分水岭）

2.河流的水系特征一般是指哪些方面？（干流长度、流向、注入、支流密度等）

3.河流的水文特征从那些方面描述？（水量大小与季节变化、汛期、含沙量、流速、冰期等）

【设计意图】通过对流域图的分析，让学生回忆起流域的划分及水文、

水系知识点，为下面学习做铺垫。

【知识呈现】从地形、气候特征等方面分析河流以下特征：（1）流向：由地形决定。（2）河网密度：与地形、降水多少均有关。（3）流量：与降水、地形和水系。（4）结冰期：长短与有无主要受气温影响。（5）含沙量：与地形状况、河流植被条件、流域内的人类活动有关。（6）水能蕴藏量：取决于流量和地势落差两方面。

【演练获得】描述图示区域河流干流流向。

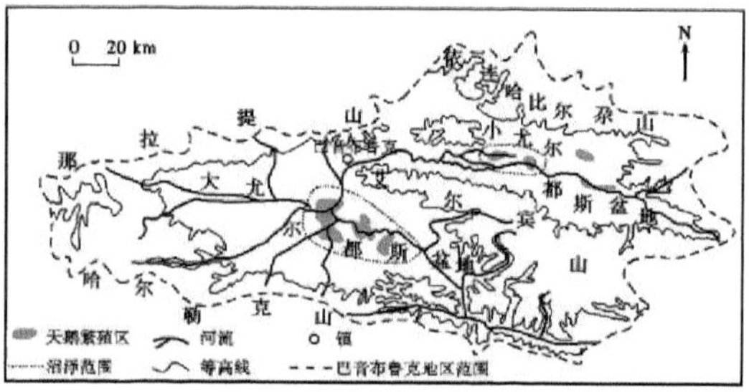

【设计意图】巩固“流域及水文、水系”知识点，体验高考题。

【归纳总结】流域：是由分水岭划分的区域；水系：指河流的源头、流向、长短、干支流关系；水文：流量、水位、冰期、汛期及含沙量等。

【拓展提升】阅读图文材料，完成下列要求。

斯里兰卡是印度洋的一个岛国，旅游业是经济的重要组成部分，游客主要来自欧洲、印度、东南亚等国家和地区。图为斯里兰卡。

（1）说明该国地形特征对河流水系特征的影响。

（2）分析该国气候对其河流水文特征的影响。

任务二　流域的地理背景

【情境问题】学生朗读课文P47第一段，结合图14思考。

问题1.描述田纳西河的地理位置。

问题2.田纳西河流域的地形有哪些特征？

问题3.田纳西河流域所在地区的气候有什么特点？

【设计意图】学生看图找出相关信息，训练读图能力。

【知识呈现】田纳西河发源于美国阿巴拉契亚山脉的西坡，是密西西比河的支流俄亥俄河的最大支流。上游以山地为主、中游以丘陵为主、下游以平原为主。亚热带季风性湿润气候为主，降水丰富，冬春季节偏多。

（拓展）田纳西河流域的降水为什么冬春季节更多？

原因：田纳西河流域地处阿巴拉契亚山西坡，即处于夏季风的背风坡，夏季降水不如阿巴拉契山东坡多；而冬季，田纳西河流域处于冬季风的迎风坡，降水比东部的背风坡多。故形成了冬季多雨的特征。

问题4.结合地形、气候特征，说说田纳西河的河水流量、流速有什么特点？

问题5.结合地形、气候、水文特征，分析田纳西河流域多洪涝灾害的原因。

问题6.田纳西河流域蕴藏着哪些资源？

【设计意图】通过对流域地形、气候的学习，进一步训练学生的综合能力和语言组织表达能力。

【知识呈现】田纳西河：流量、流速：河水流量大，汛期出现在冬春季节，上中游流速快，下游流速慢。气候：降水多，特别是冬春季节，河流水量大。地形：上中游地势起伏大，洪水来速快，下游地势低平，洪水不易于排出。资源：矿产资源（煤炭、铜矿）、水能资源、土地资源等。

【演练获得】例1.下列关于田纳西河的叙述，正确的是（　　）

A.田纳西河位于美国的西南部

B.是密西西比河支流坎伯兰河的一条流程最长、水量最大的支流

C.发源于阿巴拉契亚山的北坡

D.注入俄亥俄河

例2.关于田纳西河流域的自然背景分析正确的是（　　）

A.田纳西河流域内多山，地形起伏较大，因此河流航运十分不便

B.田纳西河流域属于亚热带季风气候，气候温暖湿润，雨热同期

C.田纳西河流域水系发达，支流众多，只有小部分可通航

D.田纳西河流域内矿产资源丰富，成为影响流域综合开发的重要因素

【设计意图】检查学生对以上基础知识的掌握情况。

【归纳总结】

- 田纳西河的水系特征
  - 源地
  - 注入
  - 与密西西比河的关系
- 田纳西河的水文特征

【拓展提升】读海河水系和水利图以及海河与珠江水系、水文特征对比表。据此回答1—3题。

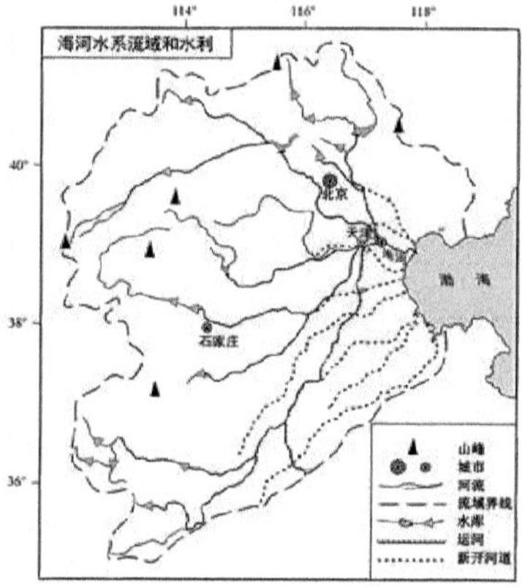

	长度(km)	流域面积(万 km^2)	流域平均年径流量(亿 m^3)
海河	1090	26.34	228
珠江	2214	45.4	3360

1.划分海河流域范围的依据最可能是

A.降水量　　B.地形　　C.人口密度　　D.行政区划

2.海河平均年径流量远小于珠江，主要是因为海河

A.气候大陆性较强

B.河流长度短，流域面积小

C.蒸发旺盛，工农业生产和生活耗水量大

D.调水工程减少了河流径流量

3.20世纪中叶以来，流域内出现众多水库，这些水库的作用主要有

①保障城乡用水

②有利于进行有效的防洪调度

③实现水能开发，提供充足的电力供应

④减缓干旱带来的不利影响

⑤大坝拦截泥沙，防治水土流失

⑥提高河道的通航能力

A.①②④　　B.①③⑤　　C.②⑤⑥　　D.③④⑥

范例2　自然地理环境的整体性（复习课）

主备人：雷源泉　　协备人：邓院生　　审核人：曾维文

一、教学目标

1.识记自然地理环境的五要素；理解地理环境各要素间的相互关系和地理环境整体性的表现。（综合思维）

2.能够运用地理环境整体性原理解释有关地理问题。（地理实践力）

3.通过人类活动与自然地理环境的相互作用，明确人类活动要尊重自然、顺应自然，树立保护自然环境、促进人地协调的发展观。（人地协调观）

二、重点难点

重点：自然地理环境的五要素；理解地理环境各要素间的相互关系。

难点：能够运用地理环境整体性原理解释有关地理问题。

三、教学方法

引导探究、小组讨论、合作交流。

四、教学手段

多媒体课件。

五、教学过程

【情境问题】视频：黄土高原水土流失视频。问题：视频中体现了自然地理环境的那些要素？各要素间是如何相互作用的？

【设计意图】初步导入激发学生学习兴趣，且直击本节课主题。

【知识呈现】自然地理环境五要素：大气、水、生物、土壤、地貌。

任务一　自然地理环境各要素间的相互关系

【演练获得】（2017・全国Ⅲ卷）一般情况下，海水中的浮游植物数量与营养盐、光照、水温呈正相关，但在不同的季节、海域，影响浮游植物生长繁殖的主导因素不同。下图示意长江口附近海域某年8月浮游植物密度的水平分布。据此完成1～3题。

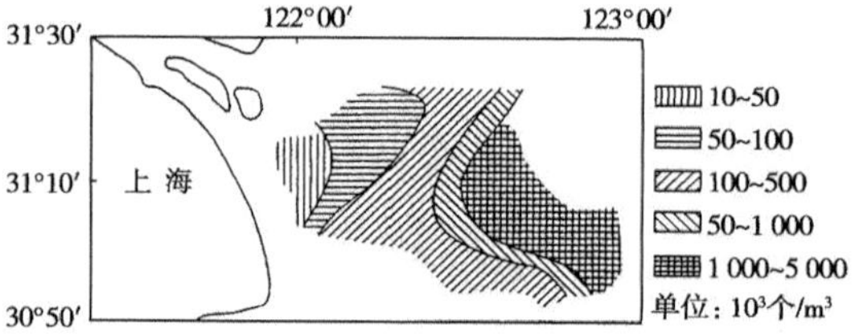

1.夏季图示海域浮游植物密度自西向东（　）

A.递减　　B.先减后增　　C.先增后减　　D.递增

2.导致夏季图示海域浮游植物密度水平分布的主导因素是（　）

A.水体营养盐　　B.太阳辐射　　C.水体含沙量　　D.洋流流向

3.与夏季相比，冬季图示海域浮游植物（　）

A.总数量减少，密度高值区向陆地方向移动

B.总数量增多，密度高值区向外海方向移动

C.总数量减少，密度高值区向外海方向移动

D.总数量增多，密度高值区向陆地方向移动

【设计意图】通过练习，让学生得到自然地理环境各要素之间的关系是相互联系、相互制约、相互渗透的关系。

【归纳总结】地理环境各要素之间相互联系、相互制约、相互渗透形成一个有机的整体。

【巩固提升】（2019・福建莆田二模）木质素是主要存在于陆地植物体

中的有机物，可定量地作为河口陆源物质的指示物。在越南，红河每年通过巴拉特河口、川滴河口和太平河口向南海输送大量的沉积物。研究发现，红河口水下三角洲表层沉积物以粉砂及吸附于它的陆源有机物为主（砂粒越大，陆源有机物的吸附作用越弱）。木质素来源既有高度降解的土壤有机质，也有新鲜的植物碎屑。下图示意红河口水下三角洲表层沉积物每100 mg有机物中木质素含量的空间分布。据此完成1～3题。

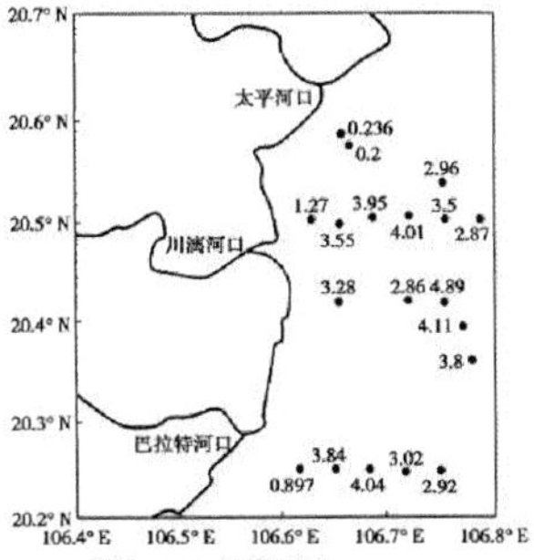

图例 • 0.236 木质素含量

1.推测红河口水下三角洲中木质素含量高的月份是（　）

A.1～2月　　B.4～5月　　C.7～8月　　D.10～11月

2.影响河口从岸向海木质素含量在近岸递增的主要因素是（　）

A.流速　　B.水温　　C.盐度　　D.流量

3.红河口水下三角洲木质素中新鲜植物碎屑多的原因是（　）

A.流量大，挟带沉积物多　　B.土壤肥沃，生物量较大

C.炎热多雨，植物生长更新速度快　　D.降水多，碎屑的降解速度慢

【设计意图】通过学生完成变式训练题来检测学生对任务一的学习效果。

任务二　自然地理环境整体性的表现

【演练获得】（2018·北京卷）在全球化背景下，中国与多米尼加等拉丁美洲国家的经济交流合作不断深化。读下图，回答下列问题。多米尼加动植物种类丰富，东北部海域为大西洋座头鲸的洄游区，中部山区的植物达数千种，西南部湖泊是世界著名鳄鱼保护区。

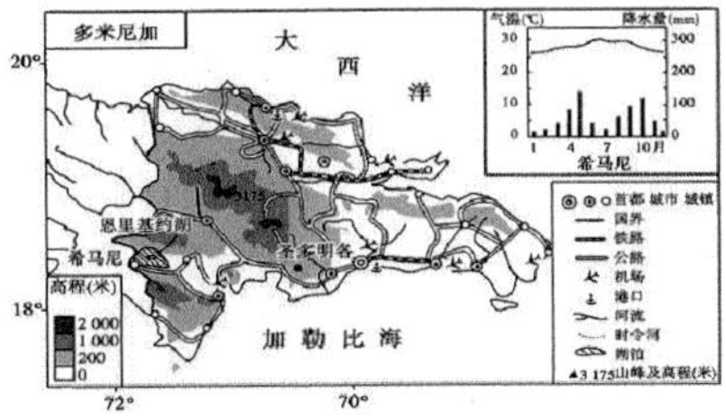

说明多米尼加生物多样性丰富的原因。

【设计意图】通过经典例题的演练，让学生理解自然地理环境的整体性。

【归纳总结】地理环境整体性分析类题目的答题模板例析。

1.陆生动物与地理环境的关系。

2.水生动物（鱼类）与地理环境的关系

	答题术语
生存空间	①湖面(海域)广阔,生存空间大;②跨度大(流程长),水域环境多样,种类繁多;③河湖(海)相连,有利于×××洄游产卵
气候	①纬度低,水温高,生长速度快;②水温适宜,利于产卵、繁殖;③水域浅(纬度低),光照充足,光合作用强
水文	①盐度高(低),适宜咸水(淡水)鱼类生存;②纬度(海拔)高,盐度低、水温低,适宜冷水性鱼类生长;③结冰期长,存活率低;④水质好
食物	①多条河流入海(湖)、寒暖流交汇(上升流、水温变化明显),底层海水上泛,营养盐类丰富,浮游生物大量繁殖;②水草丰美、其他鱼类为×××提供充足饵料
天敌	缺少天敌制约,繁殖速度快,种群密度大
人类活动	水质下降,污染加重;②过度捕捞

【巩固提升】

巩固1.（2016·全国Ⅰ卷）阅读图文材料，完成下列要求。

某科考队于8月考察堪察加半岛，考察中发现，堪察加半岛北部发育苔原，南部生长森林；东西向气候区域差异显著；大型植食性和肉食性野生动物数量较少，但冬眠、杂食性且善捕鱼的熊的数量较多；大量来自海洋的鲑鱼溯河流而上，成为熊的重要食物。图示意堪察加半岛的地形。

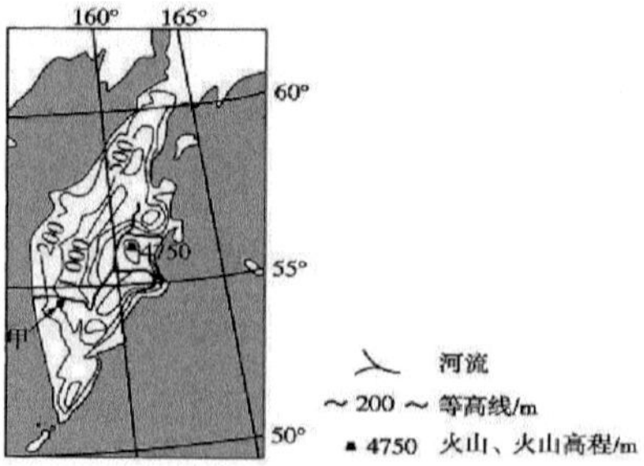

分析堪察加半岛大型植食性和肉食性野生动物数量较少的原因。

巩固2.通常，大河河口的鱼类资源丰富，但鄂毕河河口鱼类资源相对较少。说明鄂毕河河口鱼类资源较少的原因。

巩固3.（2019·全国Ⅰ卷）阅读图文材料，完成下列要求。

随着非洲板块及印度洋板块北移，地中海不断萎缩，里海从地中海分离。有学者研究表明，末次冰期晚期气候转暖，里海一度为淡水湖。当气候进一步转暖，里海北方的大陆冰川大幅消退后，其补给类型发生变化，里海演化为咸水湖，但目前湖水盐度远小于地中海的盐度。下图示意里海所在区域的自然地理环境。

板块运动导致的山脉隆起改变了区域的地貌、水文和气候特征，分析这些特征的变化对里海的影响。

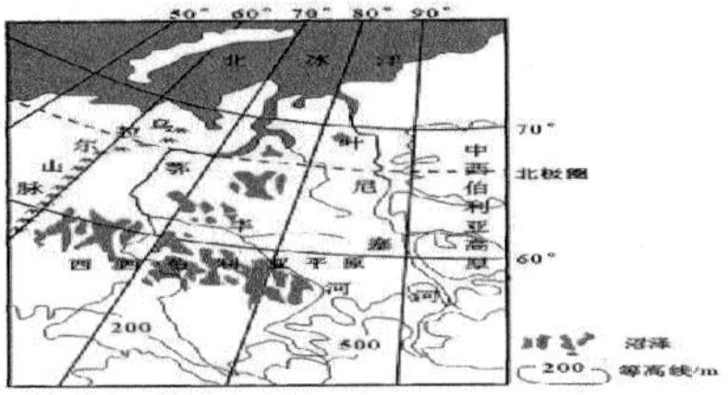

【设计意图】通过变式训练检测学生对任务二的达成情况。

附录1 “知识问题化，问题情境化”教学设计参考模板

课 题

编写日期：××××年××月××日 执行日期：××××年××月××日 编号：202001***

主备人：××× 协备人：××× 审核人：×××

一、教学目标

二、重点难点

三、教学方法

四、教学手段

五、教学过程

总分结构	串联结构
【情境问题】 【知识呈现】 任务一 【演练获得】 例1 【归纳总结】 【拓展提升】 巩固1 任务二 ……	任务一 【情境问题】 【知识呈现】 【演练获得】 例1 【归纳总结】 【拓展提升】 巩固1 任务二 ……

六、课堂小结

七、板书设计

八、课后作业

九、教学反思

附录2 教学常规检查教案量化表

模块	一级指标	二级指标	内容	分值	量化细则
教案形式（10）	版面设计		用字规范，字迹工整，大小适中。格式整齐、美观，布局合理	10	优秀记8~10分；一般记6~7分；较差记0~5分
	教案数量		教案分课时，一课一案，每课时教案至少2页，教案数量符合要求		每缺少一个教案扣2分，可记负分
教案内容（80）	基本要素（10）		课题、三维目标、重点难点、教学方法和手段、教学反思	10	根据评价要点的符合性定等，优秀8~10分；一般6~7分；较差0~5分。在此基础上每缺少一个环节扣1分，各课时教案累加扣分，可记负分
	教学设计（50）	教学环节	符合“五环节”基本要求，流程稳定、清晰，能按任务群设计教学内容，给学生形成较强的模块化、程序化思维	10	符合记1分/篇，不符合记0分/篇，最高10分
		情况问题	问题定向明确，情境设置合理。二轮复习可合理取舍	6	有，则记1分/篇，最高6分
		知识呈现	知识要点化、序列化，条理清晰。二轮复习可合理取舍	6	有，则记1分/篇，最高6分
		演练获得	例题要有针对性与生成性，有利于促进与检验学生对所学知识、方法的理解与运用情况	14	这是每个任务的必须环节，符合记2分/篇，不符合扣2分/篇，最高14分

续 表

模块	一级指标	二级指标	内容	分值	量化细则
教案内容（80）	教学设计（50）	归纳总结	对学生演练进行总结，一是分析可能存在的主要问题；二是分析题目信息点与知识点间的表征与本质关系；三是分析解题方法，提炼解题规律	14	这是每个任务的必须环节，符合记2分/篇，不符合扣2分/篇，最高14分
		拓展提升	让学生进一步增强理解与运用水平，提升理解深度 重难点内容必须有拓展，对容易掌握的任务可合理取舍	10	有，则记1分/篇，最高10分
	个性教案（20）	内容详化	对演练例题、拓展练习题的解答要书写详细过程，主要围绕：审题信息点、相关知识清单、提炼基本问题、理清思维流程、高频错点等，理科类科目建议一题多解	20	优秀记17~20分；良好记13~16分；一般记6~12分；较差记0~6分。 鼓励手写详案，符合者加2分/篇，最高10分。 若未使用集体备课成果，或无个性内容，扣4分/篇，可记负分
		适应学情	演练例题、拓展练习题可视班级学情进行合理调整		
		集体成果	必须建立在集体备课成果上，若在集体教案基础上手写，则须标注集体教案序号		

附录3 课堂教学评价表

项目	评价指标	评价内容	分值	量化细则
课前准备	教学设计	是否有相应的教案		无教案的定为不合格
	设备准备	需要媒体设备时,是否于课前做好准备	5	准备不充分,扣5分
教学过程(60)	教学流程	教学流程是否基本稳定,是否能按“五环节”的基本要求实施;是否能根据内容的繁简、难易或课型等因素灵活处理,而不死搬硬套;教学任务的划分是否得当;任务间模块化是否清晰;各任务是否如期完成;是否存在走过场现象	10	优秀8~10分; 一般5~7分; 较差0~4分
	探究活动	问题设计与情境创设是否有效;提出问题后是否能充分组织学生自主或合作探究;是否能让学生自主归纳、补充结论,提炼规律,呈现知识。是否能坚持学生主体,落实五权下放	10	
	演练获得	是否能坚持学生主体,落实五权下放。是否能让学生充分思考、演练,在自主或合作探究过程中获得对知识运用的体验	10	
	归纳总结	是否能准确了解学生存在的问题;是否能提炼规律和解题方法。新授或一轮复习课是否能突出基本问题的提取或基本技能的强调;二轮复习课是否能突出题型意识,对高考题型讲深讲透,达到触类旁通的效果。是否能坚持学生主体,落实五权下放	10	
	拓展提升	对重点难点是否能在此环节通过举一反三的途径让学生充分理解和掌握。拓展练习是否能充分让学生自主演练	10	

续　表

<table>
<tr><th>项目</th><th>评价指标</th><th>评价内容</th><th>分值</th><th>量化细则</th></tr>
<tr><td></td><td>参与的针对性</td><td>点名学生参与时，是否有针对性。是否能充分关注不同水平的学生，尤其是目标生</td><td>5</td><td></td></tr>
<tr><td rowspan="4">教法学法（20）</td><td>教学手段</td><td>媒体设计和使用是否得当。是否存在完全取代板书现象。是否存在课件不熟练现象</td><td rowspan="4">20</td><td rowspan="4">视情况分别记0~5分</td></tr>
<tr><td>演练本</td><td>是否指导学生合理使用演练本</td></tr>
<tr><td>笔记指导</td><td>是否能指导学生记课堂笔记。对重点内容是否能留给学生充分的记笔记时间</td></tr>
<tr><td>学讲任务</td><td>对识记内容是否能按“学讲计划”的要求明确课后学讲任务并明确落实要求</td></tr>
<tr><td>教学效果</td><td>学生收获</td><td>学生对各任务的掌握情况是否达到预期目标</td><td>20</td><td>优秀16~20分；一般10~15分；较差0~9分</td></tr>
</table>